B. Staub

Der Kanton Zug

B. Staub

Der Kanton Zug

ISBN/EAN: 9783744613545

Hergestellt in Europa, USA, Kanada, Australien, Japan

Cover: Foto ©ninafisch / pixelio.de

Weitere Bücher finden Sie auf **www.hansebooks.com**

Der

Kanton Zug.

Historische, geographische und statistische Notizen,

zusammengetragen

von Professor B. Staub.

Zweite verbesserte Auflage.

Mit 3 artistischen Beilagen, als: Plan der Stadt Zug, eidg. Schützenplatz und Situationsplan des neu erbauten Kurhauses Schönfels auf dem Zugerberg.

Zug. Buchdruckerei Elsener. 1869.

„Es ist das kleinste Vaterland
Der größten Liebe nicht zu klein,
Je enger es dich rings umschließt,
Je näher wird's dem Herzen sein."

W. Müller.

Vorbemerkungen über Literatur, Karten ꝛc.

Was in frühern Zeiten über den Kanton Zug geschrieben wurde, war lange in den verschiedenen Schweizer-Chroniken und Schweizer-Geschichten zerstreut. Speziellere Chroniken, wie die „Chronik Konr. Geßlers, Herrn zu Scharpfenstein, Erbauer des Städtchens Meienberg" und „Chronik der Stadt Zug, geschrieben durch Joh. Kolin, Landschreiber 1587", enthalten viel Sagenhaftes und Unrichtiges, das von spätern Chronik- und Geschichtschreibern benutzt wurde. Zuverlässiger ist die „Chronik der Stadt Zug, geschrieben anno 1696 von Carl Franz Müller von Zug, kaiserlichem und päpstlichem Notaro", Manuscript in Folio, das nebst vielen Urkunden auch einen Auszug aus Joh. Wulflins Tagebuch, von den Thaten der Zuger in Frankreich und Italien von 1542—1562 enthält. Für die Gemeinde Baar ist das Manuscript des Gemeideschreibers C. J. H. Utinger von 1785 interessant. Erst gegen die Mitte des XVIII. Jahrhunderts erschienen einzelne Aktenstücke, Memoriale u. dgl. im Drucke. Die reichen Sammlungen des bekannten zugerischen Forschers und Schriftstellers Zurlauben blieben, was Zug betrifft, meistentheils in Manuscript: Miscellanea Helvetica præprimis Tugiensia ex variis manuscriptis etc. Ein Verzeichniß seiner zahlreichen Schriften findet sich im Vorwort des Katalogs der aargauischen Kantonsbibliothek, I. Bd. S. 1—20. In den Jahren 1785 und 1786 erschien als Neujahrsgeschenk von Ammann Kolin: „Versuch, der zugerischen Jugend die Thaten ihrer Vorväter bekannt zu machen. Zug, bei M. Blunschi." Umfassender, wenn auch unvollständig, ist die „Topographie des Kantons Zug von Dr. F. Karl Stadlin, wovon nur der erste Theil „seine politische Geschichte" in 4 Bänden (Luzern 1819—1824) erschienen ist. Seither wurden einzelne Epochen der Zugergeschichte behandelt im

„Zugerschen Neujahrsblatt (von Prof. K. K. Keiser). Zug, bei M. Blunschi, 1842—1846;"

ferners in

„Zugs Aufnahme in den Bund der Eidgenossen 1352. Denkschrift zu dessen fünfhundertjährigen Jubelfeier 1852 (von Prof. B. Staub)."

Kleinere Monographien erschienen von verschiedenen Verfassern im „Geschichtsfreund", Bd. I—XXIII Einsiedeln 1844—1868, auch Einiges in den neuern Jahrgängen der beiden Zuger-Kalender.

„Erinnerungsblatt an die Restauration der St. Oswaldskirche in Zug. 1866. Zu vergl. Magist. Eberhard Tagebuch im Arch. Zug. Ferners: Die St. Oswaldskirche in Zug. Bruchstücke zur Geschichte ihres Baues. Von P. Bannwart im „Geschichtsfreund" Bd. II. S. 82—102.

„Die Kämpfe am Morgarten in den Jahren 1315 und 1798. Festschrift der schweiz. Offiziersgesellschaft in Zug 1868."

„Ueber die Vorfälle bei Blickenstorf, Inwil, Gubel ꝛc. im Kappelerkriege (1531) gibt Aufschluß: Archiv der schweizerischen Reformationsgeschichte. Solothurn, 1868.

Spärlicher als die Geschichte war von früher her die Statistik bedacht. In neuerer Zeit erschienen die amtlichen Berichte über die Volkszählungen von 1850 und 1860; ferners die „Rechenschaftsberichte des Regierungsrathes und Obergerichtes des eidg. Standes Zug an den Gr. Rath" — auch ein Bericht über die schweiz. Industrieausstellung in Bern (1857). Schätzenswerth ist der im Jahresbericht der Industrieschule von Zug 1863 erschienene Anhang: „Beiträge zur Kenntniß des Zugerlandes von Prof. L. Mühlberg." „Die geistigen Getränke der Zuger." Von demselben, 1865. In dem Jahresbericht von 1864 finden wir: „Der Gr. Rath der Stadt Zug. Kulturhistorische Skizze von Pl. Plattner", ebenso vom Jahre 1866: „Zugerische Dichter aus dem XVII. Jahrhundert. Ein literarisch-historischer Versuch von B. Staub. — Die Lehrerschaft des Kantons Zug hat auch die Pflege der Heimatkunde an die Hand genommen. Von den bisherigen Leistungen sind besonders für die Gde. Walchwil die geschichtl. und statistischen Zusammenstellungen von Kaplan Fuchs von bleibendem Interesse. M. S Ueber Rechtsgeschichte ist erschienen:

Dr. Ach. Renoud: Beitrag zur Staats- und Rechtsgeschichte des Kantons Zug, besonders zur Kenntniß des ungedruckten zuger'schen Stadt- und Amtsbuchs vom Jahr 1566. Pforzheim, 1847.

Die Karten betreffend, erscheint Zug nicht nur auf ältern und neuern Generalkarten der Schweiz, sondern auch auf verschiedenen Spezialkarten.

1. Gilg Tschudis († 1572) „Kärtlein des Zugergebiets", ein Handriß in der Stiftsbibliothek St. Gallen.
2. Die Karte von Sanson d'Abbeville mit der Aufschrift: Tugeni in Helvetiis; le Zuggow en Suisse de l'evêché de Constance, les cantons de Lucerne, Zug etc. Paris 1684.
3. Von Gabr. Walser von Appenzell kam unter andern Spezialkarten auch eine „Pagus Tugenus" heraus. Nürnberg 1768.
4. In den Jahren 1770 und 1771 verfertigte Oberstl. Fidel Landtwing eine Karte unter dem Titel: „Carte topographique der Statt und Burgerschaft, wie auch dero angehörigen Vogteyen." Exakt aufgenommen durch ꝛc. Dissinée par Jos. Klausner, arpenteur. Maßstab $1/8000$. Diese Karte umfaßt nur die Umgebung der Stadt ohne Berg, die Vogteien: Steinhausen, Cham, Hünenberg, Gangoldschwil und die Herrschaft Buonas. Dieses Original-Werk liegt auf der Stadtkanzlei.
5. Von demselben ist, nach Haller, auch in Manuscript erschienen: „Der Egeri-See nebst dem Schlachtfeld bei Morgarten."
6. Der Kupferstecher Klausner von Zug gab unter andern eine Karte heraus, welche einen großen Theil der innern Schweiz umfaßt, unter dem Titel: „Carte en perspective du Nord au Midi, d'après le plan en relief et

les mesures du général Pfyffer, reduit sous son inspection à 150 toises de France." (General Ludw. Pfyffer † 1802.)

7. Die trigonometrischen Vermessungen durch Ingenieur Anselmier (1845 und 1846) und das Erscheinen des großen eidgenössischen Atlas unter Aufsicht des Generals Dufour (1855 flg.) erleichterte die Herausgabe einer besondern topographischen Karte des Kantons Zug durch Heinrich Weiß-Keiser (1849), welche dann (1863) von demselben in verkleinertem Maßstabe herausgegeben wurde.

Als erläuternde Beilage zu dieser letztern Karte, sowie zu einem 1867 erschienenen „Plan der Stadt Zug" von demselben Topograph, sollen beifolgende Notizen dienen. Sie machen auch in 2. Auflage keinen Anspruch auf Vollständigkeit, am wenigsten in statistischer Beziehung, indem es dem Verfasser theils an Material, theils an Zeit und Raum hiezu gebrach.

I. Theil.
Allgemeine Uebersicht der Geschichte.

Durch welches Volk und um welche Zeit das heutige Gebiet von Zug ursprünglich besessen und bebaut worden, läßt sich nicht mit Bestimmtheit angeben. Durch neueste Entdeckung von uralten Pfahlbauten am Zugersee (bei Zug, Cham und Risch) wird es gewiß, daß hier schon lange vor der Römerzeit menschliche Ansiedelungen bestanden haben, sei es nun, daß diese dem keltischen oder einem noch ältern Volksstamme angehörten. Als die Weltherrschaft der Römer über Helvetien sich ausbreitete, mögen diese auch unser Gebiet betreten haben, ohne daß sie hier, wie anderwärts, namentlich im benachbarten Gebiet von Zürich, feste Plätze anlegten. Ohne hinreichenden Grund wird angenommen, der um diese Zeit vorkommende Tugener-Gau beziehe sich auf eine Stadt Tugenum, welches das alte Zug gewesen. Nachdem das Land von den Alamannen (zirka 400) verwüstet und den Franken (500) unterworfen worden, fand die christliche Zivilisation nach und nach wieder Eingang, besonders zur Zeit Karls des Großen (800). Ein Enkel desselben, Ludwig der Teutsche, vergabte an die von ihm gestiftete Fraumünster-Abtei u. A. den Hof, d. h. Land und Leute mit Gerichtsherrlichkeiten über dieselben, nebst „Kirchen" in Cham (858). Dieses ist die älteste urkundliche Nachricht über eine zugerische Ortschaft und Kirche. Schon um diese Zeit hatten die Grafen von Lenzburg Grundherrlichkeiten auf unserm Gebiete. Unter und neben diesen bauten sich einzelne Herren feste Schlösser. In den Zeiten des Feudal- und Ritterwesens wurden auch die ersten Mauern von Zug erbaut. Es wird in einer Urkunde von 1255, wie Luzern und Zürich, eine Veste (Zuge castrum) genannt. Die „Burg" stand außerhalb derselben

Das Schloß Hünenberg, Burg und Vorburg St. Andreas bei Cham, Wildenburg (urkundlich Wildenberg) im Lorzentobel gehörten den Edeln von Hünenberg, welche ihrerseits zum Theil Lehenträger der Freiherren v. Rüßegg, später der österreichischen Herzoge waren. Nebst diesen und andern Herren erwarben mehrere Klöster Grund- und Gerichtsherrlichkeiten (sog. Dinghöfe), wie Schännis in Baar, die Fraumünsterabtei Zürich (später die dortige Probstei) in Cham und Egere, Einsiedeln in Egere und am Berg, St. Blasien im Schwarzwald in Neuheim und Steinhausen, Muri in Risch, Baar, Neuheim, Finstersee, Frauenthal in Cham und Hünenberg. Nach dem Tode Ulrichs, des letzten Grafen von Lenzburg (1173) kam Stadt und Land Zug, so weit es nicht schon andern geistlichen und weltlichen Herren gehörte, an die Grafen von Kyburg, von diesen (1264) an Graf Rudolf von Habsburg. Ihm und seinen Nachkommen, den österreichischen Herzogen, gehörte laut Urbar als ein eigener grundherrlicher Hof (curtis) das Städtchen Zug nebst Oberwil, ferners grundherrliche Rechte am Berg, zu Baar, zu Walchwil und Steinhausen; an diesen Orten und in Egere auch die Vogtei, d. h. die hohen Gerichte, theils kraft eigenen Rechtes, theils als Schirmherren und Kastenvögten der Gotteshäuser Zürich (Abtei), Einsiedeln, Schännis und St. Blasien. Alle diese Rechte und Besitzungen zusammen genommen, machten das Amt Zug aus, welches später in das **innere und äußere Amt** zerfiel. Im Namen der Herrschaft bezog ein Ammann die Grundzinsen, Steuern und übrigen Gefälle. Derselbe stand auch den Gerichten vor, so wie dem Stadtrathe. Nach der gewöhnlichen Sage fiel die sog. „Mordnacht auf der Löbern", d. h. ein nächtlicher Ueberfall des benachbarten Adels, der glücklich vereitelt worden sein soll, auf 1275, in welchem Jahre König Rudolf im Lande war, eine Annahme, die gleich den übrigen Details dieser Sage bei gründlicher Forschung höchst unglaubwürdig erscheint. Gewiß ist, daß 1278 Zug, wie die übrigen habsburgischen Besitzungen in Helvetien mit dem Herzogthum Schwaben vereiniget wurde, das Rudolf, des Kaisers Sohn, als Lehen erhielt. Nach Herzog Rudolfs (1290) und des Kaisers (1291) Tod verwaltete Herzog Albrecht für seinen minderjährigen Neffen, Herzog Johann, die diesem vom Vater zugefallenen Länder. Im Jahr 1292 war er (Albrecht) mit Heeresmacht in Baar und erpreßte von Zug ein Geldanlehen. Bald nachher (1293 oder 1294) muß die Stadt ein großes Brandunglück betroffen haben; denn laut einer Urkunde aus dieser Zeit wandten sich die Zuger „als verarnte und abgebrannte Bürger" an die Herzogin Agnes, die Mutter des jungen Johann von Schwaben, und baten um ihre Verwendung für die Rückerstattung jener Summe. Dieser Vorgang dürfte auf eine „Mordnacht von Zug an der Löbern" deuten. — Noch diente Zug den Herzogen gegen die entstehende Eidgenossenschaft. Denkwürdig bleibt die That Heinrichs v. Hünenberg vor der Schlacht am Morgarten (1315). Als Luzern (1332) und Zürich (1351) in den Bund getreten, war die feindliche Stellung der Stadt Zug in Mitte der Eidgenossen nicht haltbar. Von diesen gedrängt und vom Herzog im Stich gelassen, trat sie, gleich dem äußern Amt, in den Bund. In dem Bundesbriefe vom 27. Brachmonat 1352 wurden die bisherigen Rechte des Königs und Reichs, sowie die des Herzogs vorbehalten.

Die Zuger entrichteten der österreichischen Herrschaft noch lange Zinsen, Zehnden und andere Gefälle; nur konnten sie nicht mehr angehalten werden, gegen die Eidgenossen zu dienen. Diese mußten anfänglich sehr befürchten, daß ihnen das neu verbündete Zug durch die Herzoge oder den Kaiser selbst wieder entrissen werde. Es fehlte hiezu nicht an allerlei Versuchen. Daher übten besonders die Schwyzer eine Art Vormundschaft über die Stadt aus. Schon 1356 nahmen sie mit Hülfe ihrer Nachbarn von Egere Stadt und Amt Zug ein und ließen es den Bundesschwur erneuern. Nach mehrjährigen Unterhandlungen zwischen den betheiligten Parteien versprachen die Zuger (1371), daß sie in Hinkunft keinen andern Ammann unter ihnen wählen werden, als den ihnen ihre Eidgenossen aus den vier Waldstätten heißen; derselbe soll dann der Herrschaft Oesterreich, den Eidgenossen und ihnen Treue schwören. Von dieser Zeit an hatte Zug schwyzerische Ammänner (bis 1404). Der erste war Joh. v. Opeuthal, der an der Tobtenhalde fiel (1388). Der Ammann von Zug saß noch im Namen der Herzoge von Oesterreich zu Gericht, bis König Wenzel (1379) Stadt und Amt gänzlich von auswärtigen Gerichten befreite. — Gegen die äußern Feinde der neuen Eidgenossenschaft kämpften auch die Zuger in rühmlicher Weise; so bei Buttisholz und Fraubrunnen (1375) gegen die „Gugler", bei Sempach (1386) gegen Herzog Leopold. Im Sempacher-Kriege bezwangen sie, in Verbindung mit den Luzernern, das Städtchen Meienberg, dann mit den Schwyzern die Burg St. Andreas. In demselben Jahre wurde auch Hünenberg, das Stammschloß des gleichnamigen Geschlechtes, zerstört. Die Zerstörung von Wildenburg wird von Einigen früher, von Andern später angesetzt. Nach dem kurzen „bösen" Frieden machten die Zuger mit ihren verbündeten Nachbarn Streif- und Raubzüge gegen Bremgarten und Baden, bestanden (1388) ein blutiges Gefecht bei Heisch und ein noch rühmlicheres, aber mit bedeutendem Verlust, an der Todtenhalde gegen die Uebermacht der österreichischen Besatzung von Bremgarten, welche sengend und brennend bis gegen Baar hin vorgedrungen war. Damals soll das Kloster Frauenthal, das 1366 in das Bürgerrecht und den Schirm der Stadt Zug aufgenommen ward, verbrannt worden sein. Die Spannung dauerte, ungeachtet der Friedensschlüsse, fort, bis allmälig die letzten Reste der österreichischen Herrschaft in unserer Gegend schwanden. Indeß gelang es der Stadt Zug, ihre Macht zu vergrößern. Sie kaufte (1379) von den Erben Werners von Stans die Rechte derselben über Walchwil, welche ehedem Gottfried von Hünenberg besessen hatte. So wurde Walchwil eine Vogtei der Stadt. Den sog. Blutbann erwarb von König Wenzel (1400) die Stadt allein. Darüber wurden die drei äußern Gemeinden eifersüchtig und verlangten von der Stadt die Herausgabe des Banners und Siegels. Als die Bürger sich dessen weigerten, drohten die Gemeinden mit Gewalt. Bei steigender Erbitterung wurde am 16. Weinmonat 1404 mit Hülfe eines bewaffneten Zuzugs von Schwyz die Stadt eingenommen. Die übrigen verbündeten Orte kamen der Stadt zu Hülfe und zwangen die Schwyzer zur Unterwerfung. Auf dem Tage zu Bedenried wurden die Schuldigen bestraft und die gegenseitigen Rechte zwischen der Stadt und dem äußern Amt Zug festgestellt. Es wurde damals auch beschlossen, daß in Zukunft nicht mehr von Schwyz allein, sondern von allen fünf Orten abwechselnd den Zugern ein Ammann gesetzt werden sollte. Jedoch schon von 1415 an erscheinen immer Ammänner aus Stadt und Amt Zug. Das ganze Amt erhielt den Blutbann nebst andern Vergünstigungen von Kaiser Sigmund (1415—1433). Auf dem Konzil zu Konstanz (1415) wurde Herzog Friedrich aller seiner grundherrlichen und Vogtei-Rechte im Amte Zug und Cham verlustig erklärt und seine Güter zu des Reichs Handen gezogen, von welchem die Bürger sie zu Lehen nehmen konnten. Als die Eidgenossen auf die Mahnung des Kaisers Sigismund die freien Aemter und die Grafschaft Baden besetzten, betheiligte sich auch Zug und wurde in der Folge Antheilhaber an diesen gemeinsamen Vogteien. Von da an blieb die Stadt im unbestrittenen Besitze von Cham, erwarb (1416) auch Hünenberg, dessen Angehörige, Gebrüder Bütler, 1414 von Hartmann von Hünenberg, seßhaft zu Bremgarten, seinen Antheil an Gütern und Rechten im dortigen „Twing" abgekauft hatten, und später (1433—1463) Steinhausen durch verschiedene Käufe, während Deinikon und Kordikon bei Baar sich von den Edeln von Hünenberg loskauften, welchem Beispiele (1431) die Bauersame in dem Hof zu Hinterburg folgte. Im Jahr 1464 wollte das Stift Einsiedeln seine Grundherrlichkeiten in den Gemeinden Egere und am Berg, welche zusammen den Hof Rüheim ausmachten, an Stadt und Amt Zug verkaufen. Die „Gotteshausleute" widersetzten sich diesem Verkaufe, der dann (1468) durch einen eidgenössischen Spruch für ungültig erklärt wurde. Nach diesem Streite blieb Einsiedeln noch mehr als 200 Jahre (bis 1679) im Besitze seiner Gefälle und der niedern Gerichte, die es durch einen Amtmann „am Berg" verwalten ließ. Die Stadt Zug kaufte dagegen (1477) den Hof zu Cham nebst Collatur- und Zehenden-Rechten über die dortigen Kirchen und Pfründen vom Chorherrenstift in Zürich, und Aehnliches zu Niderwil (1510) vom Kloster Kappel. Der Hof Gangoldschwil, schon theilweise 1410 verkauft, kam (1486) vom Kloster Muri an die Stadt Zug und blieb ihr unter dem Namen Vogtei Risch. Die hohen Gerichte über Buonas waren von der Herrschaft Oesterreich an Stadt und Amt übergegangen. Das Schloß nebst Gütern und den niedern Gerichten (auch der Kirchensatz von Risch) gehörten den Herren von Hertenstein in Luzern, von denen es (zirka 1650) an die Familie Schwytzer, ebenfalls von Luzern, und von dieser (1782) an zugische Privaten gelangte. Die sämmtlichen Rechtsamen des Klosters Kappel zu Blickenstorf, Deinikon, Rüheim und Menzingen wurden (1512—1513) von den dortigen Genossenschaften losgekauft. Auch St. Blasien verkaufte (1538) seinen Hof zu Rüheim an Stadt und Amt Zug. — Im Bunde mit den Eidgenossen kämpften die Zuger in den verschiedenen Kriegen, und einzelne ihrer Bürger zeichneten sich durch Heldenmuth aus. So in den Zügen über den Gotthard Ammann Peter Kolin, der mit 45 der Seinen bei Arbedo fiel (1422). Als (am 4. März 1435) die unterste Gasse der alten Stadt in den See versunken war, wurde den Betroffenen von Nahe und Fern thätiges Mitleid gezollt. In Folge dieses Unglücksfalles wurde die Stadt erweitert und mit neuen Mauern umgeben. Im alten Zürcherkriege (1437—1450) stand Zug mit den übrigen sechs Orten gegen das mit Oesterreich verbündete Zürich. Verheerungen und blutige Auftritte bezeichneten die Bahn der bürgerlichen Zwietracht. Blickenstorf wurde von den Zürchern eingeäschert (1443); bei Greifensee sprach Hauptmann Holzach von Menzingen umsonst für Schonung schuldloser Gefangener; bei St. Jakob an der Birs (1444) lagen unter den Leichenhaufen der Gefallenen auch die 50 Zuger, welche pflichtgetreu dorthin gezogen waren. Im Burgunder-kriege zeichnete sich der zugerische Ammann Hans Schwarzmurer bei Grandson (1476) und der zürcherische Bürgermeister Hans Waldmann (gebürtig von Blickenstorf) bei Murten aus. Die aus diesem Kriege heim-gebrachte Beute gab leider Anlaß zu Zänkerei und Verschwendung. In Zug bildete sich in der Faßnacht (1477) ein Verein von „tollen Brüdern" aus ver-schiedenen Orten und zog, bei 700 Mann stark, mit dem „Saubanner" gegen Bern und Freiburg hin, um in Genf die noch nicht bezahlte Brandschatzung von 24,000 Gl. zu holen, voll Unwillen über die „Großhansen" und „Kronenfresser", die das Beste für sich behalten hätten. Genf mußte sie wirklich mit Geld be-friedigen, um sie zur Heimkehr zu bewegen. In dem folgenden Streite nahmen Glarus und Zug eine vermittelnde Stellung ein, brachten die Tagsatzung zu Stans (1481) zu Stande und auf einem Tag zu Zug (2. Herbstmonat) wurde die Urkunde über das Stanservertommniß ausgestellt. — Ihren Antheil an der Burgunder-Beute verwendete die Stadt auf Bauten und Erwerbungen. Eine Fehde mit dem Freiherrn von Stausen (1482) wegen Beschimpfung wollte Zug mit den Waffen auskämpfen, wurde aber durch eidgenössische und österreichische Vermittlung zufrieden gestellt. — Im Schwabenkrieg (1499) betheiligten sich die Zuger ebenfalls bei den meisten ruhmvollen Kämpfen der Schweizer. Bei Dornach verewigten ihre Namen besonders Dekan Schönbrunner, Ammann Werner Steiner, Pannerherr Hans Kolin. Die italienischen Lohnkriege (1500—1525) verlockten auch viele Zuger zum „Reislaufen". — Ammann Hans Schwarzmurer, einer der bedeutendsten Eidgenossen, begrüßte in lateinischer Rede den jungen Maximilian Sforza unter dem Thor von Mailand, als die Eidgenossen ihm diese Stadt übergaben. Im Verlaufe der folgenden Kämpfe bei Novara (1512), bei Marignano, wo Werner Steiner sich und die Seinigen zum Riesen-kampfe weihte, bei Biccoca (1522) und Pavia (1525) fielen im Ganzen 337 Zuger auf dem Schlachtfelde, bei Marignano allein 246. Hauptmann Heinrich Schönbrunner hinterließ ein eigenhändiges Tagebuch über seine Erlebnisse in diesem Kriege und seinem spätern Leben. Er war u. A. bei dem Auflauf von 1522, als französische und kaiserliche Söldner an einander geriethen, „daß es ein wild leben gab" und ein Priester mit dem hl. Sakrament die Ruhe herstellte. Er war es auch, der das Schloß St. Andreas bei Cham wieder aufbaute (1533) und wegen wiederholten Reislaufens von der Obrigkeit um Ehre und Gut bestraft wurde.

Zur Zeit der Glaubenstrennung hielt Zug treu zu den katholisch ge-bliebenen Orten. In den beiden Kappeler-Kriegen (1529—1531) war das Gebiet von Zug der hauptsächlichste Schauplatz der Rüstungen und Kämpfe. Am 11. Brachmonat 1531 sammelten sich die Hauptleute der katholischen Orte in der Kirche St. Oswald zur Fahnenweihe, musterten auf der Allmend ihre Truppen

und rückten gegen Kappel, wo die zugerischen Streiter sowohl durch ihre
Tapferkeit als durch ihre Ortskenntniß nicht wenig zum Siege beitrugen. Die
Sieger verschanzten sich darauf bei Innwil. Die Gegner wollten das Lager
umgehen und schickten eine Heeresabtheilung über die Sihlbrücke, Neuheim, Schönbrunnen auf die Höhe des Gubels. Daselbst war es, wo in der Nacht vom
23. auf den 24. Weinmonat eine muthige Schaar von Landleuten aus Menzingen,
Aegeri, Sattel :c. (632 Mann) die unbehutsamen Feinde überfielen und ihrer eine
große Zahl theils erschlugen, theils in die Flucht jagten. Der darauf bei Deiniton
besprochene und in Bremgarten abgeschlossene Friede brachte den Katholischen
einige namhafte Vortheile. — Zug hatte in diesem Kriege außerordentlich großen
Schaden gelitten.

Die Theilnahme an auswärtigen Kriegen, wie am Hugenottenkrieg (1562),
Unglücksfälle, wie die große Pest (1585) hemmten das Aufblühen des kleinen
Staates. Im Stillen keimte manches Gute unter der Hand edeldenkender
Menschen, aber nachtheilig wirkte das ehrgeizige, eigennützige Streben Anderer
und der Parteihader der leidenschaftlich aufgeregten Menge. Eine bedauerliche
Zwietracht erhob sich zuerst (1585) zwischen dem Rathe und der Bürgerschaft bei
Anlaß einer Schreiber-Wahl, der sog. „Bachmann-Handel"; dann noch weit
drohender zwischen der Stadt und dem äußern Amt in Betreff verschiedener
Punkte. Ueber letztere entschied ein eidgenössischer Spruch zu Luzern (1604), der
unter dem Namen „Libell" die gegenseitigen Rechte bestimmte in Bezug auf
Gerichte, die Wahl des Ammanns, der Landvögte und Gesandten u. a. m.

In den sog. Villmergen-Kriegen stand Zug wieder auf Seite seiner
katholischen Mitstände. Im ersten Kriege (1656) trugen die Zuger unter Anführung
Zurlaubens nicht wenig zum Siege der Katholischen bei. Im zweiten fochten
sie an der Seite der Schwyzer und Urner von St. Wolfgang aus ebenfalls
siegreich bei Sins, unterlagen aber sammt ihren Verbündeten der Hauptmacht
der Berner bei Villmergen (1712). Darauf erfolgte Brand und Verheerung in
Frauenthal, Mumelitien und Baar. Der Friede mußte theuer erkauft werden.

Der Sinn für Unabhängigkeit und Gleichberechtigung führte in Zug abermals
zu einem argen Zwiespalt, dem sog. „Linden- und Harten-Handel" (1728—1736).
Die ungleiche Vertheilung französischen Geldes und Salzes war der Hauptvorwurf,
der von den „Linden" den „Harten" gemacht wurde. Diese verfuhren wirklich
hart gegen die Ersteren, an deren Spitze die Ammänner Fidel Zurlauben,
Clemens Weber und Christof Andermatt standen, durch gerichtliche
Prozesse und Verurtheilungen, bis das Haupt der „Harten", Ammann J. Ant.
Schumacher, unter steigender Erbitterung der Parteien selbst einem traurigen
Loose anheimfiel. Er wurde zu den Galeeren verurtheilt und starb in Turin
(1735). Aehnliche, nicht minder bedauerliche „Händel" brachte die Folgezeit, be-
sonders in den Sechziger Jahren (1763—1768).*) Indessen gingen Stadt und
Land, wie die ganze Schweiz, einer politischen Umgestaltung entgegen. Noch be-
standen neben den 12 verbündeten Orten sog. zugewandte Orte und gemeinsame

---

*) Cf. Ammann Schuhmacher und seine Zeit. Historische Zeitbilder von 1736—
1770 in Zug, von Landammann K. Bossard im Geschichtsfreund XII. und XIV.

Herrschaften. Diese letztern wurden durch Landvögte verwaltet. Stadt und Amt Zug schickten abwechselnd mit den übrigen 7 ältesten Orten einen Landvogt in die Landgrafschaft Thurgau, in die Grafschaften Rheinthal und Sargans, in die obern freien Aemter (bis 1712 auch in die untern nebst Baden); ferners abwechselnd mit allen 7 übrigen Orten in die italienischen Landvogteien Lauis, (Lugano), Luggarus (Locarno), Mendris und Maynthal. Die Stadt Zug hatte ihre besondern Vogteien (Walchwil, Risch, Hünenberg, Cham, Steinhausen), die mit ihr das innere Amt ausmachten, und ließ jede derselben durch einen Ober-vogt aus der Burgerschaft und einen Untervogt (Weibel) in der Gemeinde verwalten Sie bezog, wie die ehemaligen Grundherren, Fall, Ehrschatz und andere Gefälle, die, mit Ausnahme des Zehntens, meistens in Geldsummen bestimmt waren. Die Landsgemeinde wählte alljährlich auf St. Johannestag, später im Mai, den Ammann und andere Beamtete. — Gesetze und andere wichtige Gegenstände wurden vor die vier libellmäßigen Gemeinden gebracht. Die Landsgemeinde und die libellmäßigen Gemeinden nannte man „den hohen Gewalt". Der Stadt- und Amtsrath („Staredant"), als höchste verwaltende und richterliche Behörde, bestand aus 40 Mitgliedern. Der „große Rath", an dessen Spitze ein Schultheiß, hatte keinen Antheil an den öffentlichen Geschäften, sondern übte ein gewisses Strafrecht gegen die Uebertreter göttlicher und kirchlicher Gebote.

Es kam die Zeit der **französischen Revolution** (1789—1798), welche auch in unserm Vaterlande so Vieles umgestaltete. Mit Einführung der einen untheilbaren **helvetischen Republik** hörten die bisherigen Unterthanen-Verhältnisse auf. Unter den 18 neu gestalteten Kantonen bildeten die vier kleinen Orte Uri, Schwyz, Unterwalden und Zug zusammen den Kanton **Waldstätten**. Zug war einer der 8 Bezirke dieses Kantons; Schwyz war der Hauptort, Zug der Sitz der Verwaltungskammer. Diese kleinen Orte nebst Glarus erhoben sich gegen die aufgedrungene neue Verfassung mit Waffengewalt. Aber während die Schwyzer mit Zugern und Unterwaldnern unter **Alois Reding** Luzern einnahmen, wurde der Landsturm von Zug und den freien Aemtern unter General Andermatt bei Häglingen (26. April 1798) von den Franzosen geschlagen. Dabei hatten sich die zugerischen Scharfschützen wacker gehalten, nicht aber die sog. „Trüselmannen". Sofort rückten die Franzosen unter General Jordi nach Zug vor, zogen (Sonntag den 29. April) in die Stadt ein; eine Abtheilung derselben erstieg die Anhöhen von Menzingen, wo vor ihren räuberischen Händen sich viele Einwohner flüchteten. General Jordi nahm aus dem Schatze der Stadt 87,000 Gl. weg; auch das Landes-Panner, Waffen ꝛc. mußten ihm ausgeliefert werden. In den folgenden Tagen setzten die Schwyzer, mit ihnen 400 Urner- und Zuger-Freiwillige, u. A. eine Kompagnie von Menzingen unter Hauptm. Trazler, den Kampf gegen die verhaßten Franzosen fort. Mannhaft stritten die Wenigen gegen die Uebermacht auf St. Jost, am Rothenthurm, am Morgarten, bei Aegeri, bei St. Adrian, am Rufiberg, bei Immensee, am Stiemen, bis eine ehrenhafte Kapitulation geschlossen ward. Darauf schickte mit andern Orten auch Zug Abgeordnete auf die Tagsatzung nach Aarau. Auch nach den Helden- und Jammertagen Nidwaldens (6.—9. Herbstmonat) konnte der

Unwille des Volkes gegen die neue Verfassung und den Druck der fremden Truppen nur schwer niedergehalten werden. Im folgenden Jahre (1799) schwuren Männer von Zug, Uri, Schwyz, das Land von dem fränkisch-helvetischen Joche zu befreien. Der Versuch wurde von den Franzosen, mit Hülfe der Zürcher, vereitelt und mit gewohnter Härte bestraft. In diesem Jahr war die Schweiz und zum Theil auch unser Ländchen der Kampfplatz der kriegführenden Mächte, Oestreicher und Russen gegen die Franzosen, wobei die Letzteren die Oberhand behaupteten. Die Franzosen hatten in Menzingen drei verschanzte Lager: beim Aegelsee, beim Menzingerholz und am Bolzli, zwei in Neuheim und in Baar (Utingerweid), um die jenseits der Sihl stationirten Oesterreicher zu beobachten. Nach neuen Verfassungskämpfen (1800) und dem Fall der helvetischen Regierung erschien die sog. Vermittlungsakte Napoleons (1803). Durch diese war die Schweiz in 19 Kantone getheilt. Der Kanton Zug zerfiel in das innere und äußere Amt. Jede der 9 Gemeinden wählte eine bestimmte Zahl Rathsglieder in den Stadt- und Amts-Rath, zusammen 51. Die Landsgemeinde versammelte sich ordentlicherweise alljährlich zu Anfang Mai, war die höchste gesetzgebende Behörde, wählte den Ammann und andere Staatsbeamtete. Als nach dem Sturze Napoleons (1814) sich eine neue Eidgenossenschaft bildete, bekam auch der Kanton Zug eine neue Verfassung. Indem Unterägeri von Oberägeri als eine eigene politische Gemeinde sich ausschied, zählte der Kanton 10 Gemeinden. Die jährliche Landsgemeinde wurde als höchste Wahlbehörde beibehalten; sie wählte den Landammann, den Landeshauptmann, Landschreiber ꝛc. Die höchste richterliche, verwaltende und vollziehende Behörde war der Kantonsrath von 54 Mitgliedern, die gesetzgebende Behörde der dreifache Landrath, der aus den Mitgliedern des Kantonsraths jeder Gemeinde und je zwei denselben beigeordneten Mitgliedern bestand, zusammen also aus 162 Mitgliedern, von denen der Statthalter und Vize-statthalter gewählt wurden. Der Kongreß in Wien (1815) anerkannte den neuen Bundesvertrag, vermöge dessen der kleinste Kanton an der Tagsatzung gleich dem größten Sitz und Stimme hatte. Die Verfassungsstürme mehrerer Kantone (1830—1840) berührte unser Volk nicht besonders; näher ging ihm (1841) die Klosteraufhebung im Aargau, gegen welche mit anderen Ständen auch Zug seine Stimme erhob, ohne wesentlichen Erfolg. Die Freischaarenzüge gegen Luzern (1844—45) veranlaßten Zug zu bewaffneter Hülfeleistung, die Furcht vor fernerer Beeinträchtigung katholischer Institutionen zur Theilnahme an dem sog. Sonderbunde von sieben katholischen Ständen (1845—1847). Nach ausgebrochenem Kriege gegen die Macht der Tagsatzungsmehrheit unter General Dufour, als Freiburg unterlegen, kapitulirte Zug nach kaum dreiwöchentlichem Kriegszustande am 22. November 1847. Tags darauf folgten die Gefechte bei Honau, Gisikon, Meierskappel und die Einnahme Luzerns. Der Kanton Zug ward indessen von den gegnerischen Truppen besetzt, die bisherige Regierung aufgehoben und eine provisorische proklamirt. Während für die ganze Schweiz eine neue Bundesverfassung aufgestellt und eingeführt wurde (1848), erhielt auch Zug eine neue Kantonsverfassung, welche heute noch besteht (s. unten).

II. Theil.
Geographische und statistische Notizen.

A. Das Land.

Der Kanton Zug liegt in der Mitte der Schweiz zwischen 25°,50' bis 26°,8' der Länge und 46°,58' bis 47°,10' der Breite und ist der kleinste unter allen Kantonen, denn sein Flächeninhalt beträgt nicht mehr als 4¼ ☐ Meilen oder 10,₃₄ ☐ Stunden (jede zu 16,000 Schweizer-Quadratfuß berechnet — 65,300 Jucharten), und macht etwa den 175sten Theil des gesammten Gebietes der Schweiz aus. Vom Rufiberge bis an die Zürchergränze beträgt die Länge in gerader westlicher Richtung 3½ Stunden, von der Reuß bei Honau bis zum Dreiländer= stein die Breite 5½ Stunden. Er ist eingeschlossen von den Kantonen Luzern, (im Süden), Schwyz (Süden und Osten), Zürich (Osten und Norden), Aargau (Westen). Die Gränzlinie zieht sich in fast eliptischer Form von Ober-Risch über den See nach St. Adrian, dem Rufiberg entlang nach dem Roßberg (Wildspitz, Kaiserstod), von da abwärts gegen Schorno, den Morgarten (Figlerflue) hinan und wieder abwärts an die Biber, dann die hohe Rhone aufwärts zum Drei= länderstein, von da an die Sihl hinab und, von der Sparrenbrücke an deren Laufe folgend, bis an die Siblbrücke, hier in einem einwärts gerichteten Bogen bis an die Lorze und deren Mündung in die Reuß, endlich die Reuß aufwärts bis an den Fuß des Rother-Berges und an diesem herum zur Höllmühle und den Bach abwärts an den See.

Das Ländchen schließt nur ein einziges größeres Thal in sich: das Aegeri= Thal, das ostwärts vom Rußberg, dem Sattel und dem Morgarten geschlossen ist und nordwestlich durch das Lorzentobel gegen Baar ausmündet. Ein kleines Seitenthal des Aegerithales ist das Hüribach-Thal in der Richtung von Unter= Aegeri gegen den Wildspiß. Eine Thalvertiefung zieht sich auch von der Sihl= brücke an gegen Saarbach über Winzenbach, Erlibach, Winzwilen, Brättigen bis Hinterlehr. Der Zuger-See mit der Zuger-Allmend und dem Baarer-Boden bildet eine Ebene, welche ostwärts vom Zugerberg (Löbern) und nordwärts von dem Füg-Uand an der Zürcher-Grenze (Abern) begränzt ist. Jenseits des See's senkt sich das Land gegen die Reuß, wie nordöstlich gegen die Sihl ab. Die Berggegend im östlichen Theil zeigt manigfaltige Abwechselung in kleinen Thal= vertiefungen, Hochebenen, Hügeln, die terassenförmig aufeinander folgen. Nur an wenigen Stellen senkt sich das Terrain in schroffen Felsen, wie im Lorzentobel. Die Formen der Berge sind meist abgerundet und die Abdachungen sanft

Oberhalb Zug erhebt sich der Zugerberg, mit Wald und Viehweiden bedeckt, mit der Hochwacht (3404'), welche eine weite Aussicht gewährt, dem Hünggigutsch (3480'), an deren Fuß der Geißboden, ein Torfmoor, an dessen westlichem und nördlichem Rande die Kurorte Felseuegg und Schönfels, davon südöstlich der Horbach-Gutsch (3063'), von da östlich der Rollenberg (3417'), südlicher der Großmatt-Stollen (3653') und südöstlich über dem Hüribach der Illenberg (3033'); von da erstreckt sich höher der Roßberg bis über die Grenze, längs derselben die Gnippen über dem Goldauer-Bergsturz (5223'), östlicher der höchste Punkt, auf Schwyzergebiet, der Wildspitz (5273'), der Kaiserstock (4723'). Oestlich vom Aegeri-See erhebt sich der St. Jost (3840'), der Ratengutsch (3400'), der hohe Rhone mit der östlichen Spitze, dem Dreiländerstein (3953'); von da zurück in westlicher Richtung erreichen wir den Gottschallenberg, Gibel, Knollen, Gubel, (3033'). Als äußerster Vorposten gegen Norden steht die Baarburg (2287'), ein isolirter, abgestutzter Felsenkegel, rings an den sanftern Abdachungen mit Wald bewachsen.

An Gewässern ist der Kanton Zug reich. Viele Quellen entspringen in Bergen und Thälern und liefern ein frisches, meistens gesundes Trinkwasser. Dieses enthält durchgehends kohlensauern Kalk, den es an mehreren Orten in Tuff absetzt. Demnach ist auch das Wasser in Flüssen und See'n kalkhaltig. Bei starken Regengüssen werden zuweilen Bäche und Flüsse auch gefährlich durch ihr Austreten, wie die Lorje bei Baar, die Reuß, seltener die Sihl. — Die Lorje, (ehemals „Lorenz") verbindet den Aegerisee mit dem Zugersee. Der erstere ist 1031' höher gelegen als der letztere. Dieser liegt 1390' über dem Meere und ist 3 Stunden lang und 1 Stunde breit, der Aegerisee ist 1 Stunde lang und ½ Stunde breit. Andere 2 See'n sind unbedeutend: der Wylersee (auch Finstersee) in der Gemeinde Menzingen, fast eine Viertelstunde im Umfange, ohne sichtbaren Zufluß durch Quellen in der Tiefe auf seinem Niveau erhalten, mit einem unterirdischen Abfluß gegen Halt hin; er wird mit keinerlei Schiffen befahren. Der ehemalige kleine Bibersee bei Steinhausen ist in neuester Zeit durch Abgrabungen fast ganz trocken gelegt worden. Der Aegerisee wird mit kleinen Kähnen (Einbäumen), auch mit „Jassen" befahren, der Zugersee mit kleinern und größern Ruderschiffen (Jassen, Nawen), wie auch seit 1852 mit einem kleinen Dampfschiff („Rigi"), zu welchem sich (1864) ein zweites größeres („Stadt Zug") gesellt hat. Der Zugersee wird durch den Vorsprung der beiderseitigen Ufer, Kiemen und Nase, in den obern und untern See geschieden, deren ersterer größeren Theils dem Kanton Schwyz angehört (Arth, Immensee). Durch den Kiemen, eine bewaldete in die Höhe ragende Erdzunge, deren äußerster Vorsprung der Korporation Zug gehört, wird der See auch vom Kanton Luzern berührt. Sein Spiegel liegt 10' niedriger als der des Vierwaldstättersee's, seine Ufer fallen fast überall steil ab, besonders am obern Theil, welcher nach den Messungen des Hrn. Hauptmann Mich. Müller sel. 640' tief ist, während die größte Tiefe des untern 200', zwischen dem Kiemen und Lothenbach 585' beträgt. An der tiefsten Stelle zeigte das Wasser (1. Nov. 1845) eine Temperatur von 4—5° C. Der See ist auch ausgezeichnet durch den malerischen Anblick, den sowohl sein azurblauer

Spiegel mit seinen Lichtreflexen bei ruhiger Witterung als auch seine verschieden
nüancirte grüne Einfassung in der schönern Jahreszeit, besonders von einem
höhern Standpunkt aus, gewährt.

Die Lorze wird als bedeutende Wasserkraft für die mechanischen Baumwoll-
Spinnereien und Webereien bei Aegeri, Baar, Zug, Cham benützt. An der
Lorze sowohl, als an mehreren Bächen bewegen sich verschiedene andere Wasserwerke, als: Mühlen, Papierfabriken, Stampfen ꝛc. Unter den größeren Bächen
erwähnen wir den Lothenbach in Walchwil, den Mühlibach bei Oberwil, Burgbach, Aa, Siechenbach und Leßibach in Zug, den Sarbach bei Neuheim, Edlibach
bei Menzingen, den Remsel- und Hüribach in Unterägeri ꝛc.

Firnen, Gletscher und gefährliche Lawinen sind unserem Ländchen unbekannt.
Von frühern Bergstürzen sieht man da und dort Spuren am Zugerberg. Erdschlipfe, Aushöhlungen und Schuttablagerungen verschiedener Bäche und Flüsse
haben da und dort seit Jahrtausenden die Gestalt des Bodens verändert.

Das Klima des Kantons Zug ist durchschnittlich mild, jedoch je nach der
Erhebung der Orte über die Meeresfläche und ihrer mehr oder weniger geschützten
Lage verschieden. Die Niederungen an den südlichen und westlichen Abhängen
des Zugerberges bei Walchwil, Oberwil, Zug haben ein warmes Klima; mehr
ausgesetzt den kalten Winden ist die Ebene zwischen Zug, Baar, Steinhausen und
Cham. In den höhern Regionen ist durchschnittlich eine bedeutend niedrigere
Temperatur; zeitweilig, besonders im Spätherbst, decken anhaltende feuchte Nebel
die Niederungen, während in den Bergen lieblicher Sonnenschein die Landschaft
erhellt und erwärmt, wogegen freilich die hellen Winternächte in den Höhen
schneidende Kälte bringen. Es gibt Winter, in welchen die Berggegenden tief
mit Schnee bedeckt sind, während in den Niederungen fast nie die Schlitten ge-
braucht werden können. Seit dem kalten Winter von 1829/30 ist der Zugersee
nie mehr vollständig zugefroren; öfters geschah dieses bei dem höher gelegenen
Aegerisee, fast jeden Winter aber beim Wyleriee. Ueber meteorologische
Verhältnisse fehlen genauere Beobachtungen mit Ausnahme der Jahrgänge 1863—
1866, über welche gedruckte Verzeichnisse von Professor Mühlberg vorliegen. Das
Maximum der im Sommer 1866 beobachteten Wärme zeigte sich am 15. Juli
= $25{,}8°$ C.; das Minimum des Winters am 6. Jan. = $-2{,}2$; das Maximum
des Barometerstandes am 25. Jan. = $740{,}1$ mm. Minimum am 19. März
$704{,}7$ mm. Frühere, zeitweilig von dem oben erwähnten Hrn. Müller angestellte
Beobachtungen weisen auf 1848 ein Jahresmittel des Barometer-Standes
$723{,}7$ auf, des Thermometers auf Mittag $+ 10{,}9$ C. und $4{,}5°$ Nacht-Minimum.
Am 2. Februar 1830 war die Temperatur $-21°$ Reaumur. — Es war in
diesem kalten Winter, als am 17. Januar der obere und am 19. auch der untere
See vollständig zufror. Am 24. Januar fing man an, bei zirka 4″ dicker Eisdecke den See von Zug bis Buonas zu Fuß zu überschreiten. Die Dicke der
Eisdecke nahm bis zum 2. Februar bis 10″ zu. Es wurden schwere Lasten über
das Eis geführt, u. A. am 18. Februar ein Stein von zirka 70 Zentnern nebst
Zugvieh ꝛc. vom Riemen an die Kohler-Mühle. Erst am 21. März löste sich
die Eisdecke. Anno 1835/36 war der untere See ebenfalls überfroren, jedoch

nicht so fest, daß man über die Decke gehen durfte. — Die Temperatur wechselt häufig je nach dem Zuge der Winde und den Niederschlägen auf den benachbarten Bergen. Der Föhn, vom Rigi und Roßberg her wehend, kündet sich durch Entwölkung des südlichen Himmels an, erregt dann ein eigenthümliches Brausen und Tosen in den Höhen, tobt bisweilen orkanartig gegen Gebäude und Bäume, senkt sich aber nicht immer in die Niederungen, wo er übrigens immer durch Schwüle der Luft und Sinken des Barometers wahrgenommen wird. Hält er des Winters zu lange an, entblößt er Berg und Thal von der Schneedecke und ist dann im Stande, eine zu frühe Vegetation zu verursachen, welche bei der im April meistens wiederkehrenden Kälte zum großen Nachtheil des Wachsthums unterbrochen wird. Zur Blüthezeit und im Sommer schadet der Föhn zuweilen durch zu frühes Austrocknen der Pflanzensäfte, im Herbst durch zu frühes Abschütteln der Baumfrüchte. Seine relative Feuchtigkeit wird von Herrn Mühlberg auf ungefähr 0,25—0,3 bestimmt, die des Südwest auf etwa 0,6—0,8. Der letztere (Wetterföhn) bringt im Sommer oft schwere Ungewitter, die sich vom Pilatus her am häufigsten über Walchwil, den Roßberg, Horbach ꝛc. gegen Nordost ziehen. Daher treffen dort nicht selten auch Hagelschläge ein, seltener gegen Nordwest hin. Oft entladet sich auch der Blitz in den See, auf Bäume oder hohe Gebäude. Da und dort ist daher auch der Blitzableiter in Aufnahme gekommen. Der Westwind (Aarbis) bringt gewöhnlich anhaltenden Regen; der Nord- (Bis) und Nordostwind (Bergbis) meistens anhaltend heitere Witterung.

Die Beschaffenheit des Bodens und dessen Erzeugnisse betreffend wechseln die Erdarten je nach der geognostischen Bildung und der mehr oder weniger vorgeschrittenen Bodenkultur. An den Bergabhängen ist der Boden häufig lehmig (Thon und Mergel) mit Kiesel- und Kalksteinen untermengt, in einzelnen Vertiefungen Moorgrund, Torf, in den angebauten Ebenen und Abhängen mehr oder weniger fette Ackererde. In den Sumpfgegenden zwischen Zug und Cham zeigen sich verschiedene Schichtungen über einander, welche theils auf eine weitere Ausdehnung des See's, theils auf Ablagerungen von Geschiebe und Sand in verschiedenen Zeitepochen schließen lassen. Das Verhältniß des gebauten zum ungebauten Lande ist ein sehr günstiges; denn nur kleine Strecken sind alles Anbaues unfähig, es sei denn, daß man die Ausdehnung der See'n in Anschlag bringen wolle. Auch die höchsten Berge sind theils mit Wald bedeckt, theils für die Alpenwirthschaft geeignet; nur die höchsten Rücken des Roßberges und der Menzinger-Berge sind ausschließlich zu Alpenweiden verwendet.

Ueber geologische Verhältnisse, sowie über die Pflanzen des Kantons Zug geben die schon erwähnten Beiträge von Prof. Mühlberg einige erwünschte Aufschlüsse. Für diejenigen Leser, welchen der Jahresbericht der Industrieschule von Zug für 1863 nicht zu Gebote steht, wird das Bezügliche hier auszugsweise daraus mitgetheilt.

„Der Kanton Zug gehört dem großen Molassethal an, welches sich zwischen den Alpen und dem Jura, vom Genfersee bis zum Bodensee zieht. Aeltere Bildungen als diejenigen der Molasse treten in seinem Gebiete nirgends zu Tage.

Die **Gesteine** dieser Formation sind entstanden durch Zerstörung älterer Gebirge unter dem Einfluß stehender und fließender Gewässer. Dies geht ganz deutlich aus ihrem Charakter hervor; Mergel und Sandstein bildeten sich durch Absatz aus trüben Gewässern, wie sich auch heute noch Schlamm und Sand aus solchen abscheidet. Die feinkörnigen harten Sandsteine liefern ein ausgezeichnetes Baumaterial und werden an verschiedenen Orten des Kantons, z. B. in Walchwil, bei Oberwil, Aegeri gebrochen. Die grobkörnigen und mergligen dagegen verwittern leicht; ihre Farbe ist blau, grau oder grün. Die **Nagelfluh** ist offenbar entstanden durch Verkittung früherer Geschiebe von abgerundeten Rollsteinen, die aus Quarz, verschieden gefärbtem Hornstein, rothem Granit, Gneiß, Glimmerschiefer, Kalk, Sandstein und verschiedenen Conglomeraten bestehen, und nuß- bis faustgroß, selten über die Größe eines Kopfes sind: das Bindemittel ist kalkig und sandig. — Nagelfluh, Sandstein und Mergel sind nicht scharf von einander zu trennen, denn sie gehen alle in einander über. Häufig treffen wir im Sandstein gröbere Geschiebe, während umgekehrt nicht selten Nagelfluh in Sandsteinschichten sich verläuft. Wo das Gestein zerklüftet ist, zeigen sich in der Regel Adern von **Kalkspath**, welcher durch Ausscheidung aus dem herabsickernden Wasser entstanden ist."

„Außerdem finden sich an zahlreichen Stellen des Kantons **Steinkohlen**, zur Abart der Pechkohlen gehörend; nirgends sind sie von bauwürdiger Mächtigkeit. In der Regel sind sie zwischen Mergelschichten abgelagert, so z. B. im Greith am Fuß der hohen Rhone, wo zwischen bläulichen, zahlreiche Abdrücke von Pflanzen enthaltenden Mergeln ein höchstens 7 Zoll mächtiges Flötzchen ganz vortrefflicher Kohlen zu Tage tritt, das sich westlich bis nach Hintertann und Schneit und östlich bis Sparren fortsetzt, und mehrere Jahre, jedoch nicht mit Vortheil ausgebeutet worden ist. Ein anderes Flötzchen ist am Roßberg durch den denkwürdigen Sturz anno 1806 aufgedeckt worden. Es besteht meist aus verkohlten zusammengepreßten Baumstämmen. Auch hier enthalten die umgebenden Mergel Pflanzenreste. Kohlen und Holzreste treffen wir übrigens noch da und dort in Mergeln, Sandsteinen und sogar in der Nagelfluh. — Zarte Pflanzentheile, wie Blätter, Früchte und sogar Blüthen haben sich oft vorzüglich erhalten in den Mergeln und Sandsteinen von Greith, Roßberg, Oberägeri, Walchwil, Lothenbach und Baar."

Die Lagerungsverhältnisse der **Molasse** anbetreffend, unterscheidet Herr Mühlberg nach ihrer Neigung vier verschiedene Gruppen von Schichten: 1) die südöstlich einfallenden, 2) die horizontalen, 3) die nordwestlich und 4) die südwestlich einfallenden Schichten, und sucht sie durch Profile zu verdeutlichen. Seine weitern Ausführungen hier aufzunehmen, gestattet der Raum nicht. — Interessant sind die Aufschlüsse, welche Dr. O. Heer über die Tertiärflora oder die Ueberreste einer ausgestorbenen Pflanzenwelt gibt, die in den Mergeln des Kohlenflötzes im Greith sich vorfinden. Es seien hier zahlreiche Sumpfgewächse gefunden worden, welche nicht zweifeln lassen, daß an diesen Stellen ein mooriger Sumpf, wohl von großer Ausdehnung, sich befand. In diesem Sumpfe lebten zahlreiche Cyppergräser, Seggen, Binsen, Sparganien, Schwertlilien und

Rohrkolben. Diese letzteren überziehen im Greith mit ihren langen Blättern ganze Felsen und erscheinen im Dach der Kohlengrube als braune, manigfach durcheinander geschlungene Bänder. Von der hohen Rhone sind 143 Arten bekannt, welche sich auf 46 Familien vertheilen. Auch in Oberägeri sind 5 Arten gefunden worden. Aus der großen Zahl der Arten, welche die Flora im Greith und überhaupt die gesammte Flora dieser sog. Tertiärformation zusammensetzen, so wie aus dem sehr starken Hervortreten der Holzgewächse, dem Vorherrschen immergrüner Bäume und Sträucher (Kampferbäume, Palmen, Lorbeer-, Feigen- und Zimmetbäume) und andern Umständen schließt Heer, daß zur Zeit der Bildung dieser Gesteinsschichten in Mitteleuropa ein subtropisches Klima, eine mittlere Jahreswärme von 15—25° C. geherrscht haben müsse.

Hr. Mühlberg bemerkt nun ferner, daß die Berge und ihre Abhänge meistens noch bedeckt seien durch lockere, horizontal geschichtete Massen von Schutt, Geröll, Steinblöcken, Sand, Lehm und Ackerboden, welche erst nach der Bildung und Hebung der Molasse abgelagert worden sein können. Diese Massen theilt er wieder in drei Gruppen:

1) **Diluvium**, die horizontalen Schichten von Sand und Geröll mit oft sehr großen abgerundeten Blöcken von Nagelfluh, Sandstein und schwarzem Kalt. Man schreibt diese Bildungen einer großen Fluth zu (Diluvium-Sündfluth), die unser Land überzog. Dazu werden gerechnet die mächtigen Geröllschichten, welche die Höhen von Menzingen bis Neuheim und Aegeri bedecken und die besonders bei Neuheim eine Unzahl kleiner Hügel bilden; ferner die Lehmbildungen, welche da und dort die Grundlage von Torfmooren und sumpfigen Wiesen und Aeckern sind. — Zu jener Zeit mögen auch schon die wichtigsten Thäler gebildet worden sein durch Ausweitung der bereits vorhandenen Gesteinklüfte und Zerstörung der Schichten durch die Gewalt des Wassers. Rigi und Roßberg, Baarburg und Neuheimer-Höhe 2c. wurden durch solche Einschnitte von einander getrennt.

2) **Gletschergeschiebe.** Ueber den ganzen Kanton, mit Ausnahme seiner höchsten Gipfel, sehen wir zahlreiche, oft sehr große Blöcke von Gesteinen zerstreut, welche sonst hier nicht vorkommen; sie sind vielmehr von einem andern Orte her durch eine gewaltige Kraft hieher getragen worden. Man nennt sie „Findlinge". Zu diesen gehören z. B. die Granitsteine, vom Volke als „Geißberger" bezeichnet, die besonders im westlichen Theil des Kantons herumliegen, während im östlichen Theil, u. A. bei Menzingen, hauptsächlich rothe schiefrige Conglomerate angetroffen werden. Man nehme jetzt allgemein an, daß solche Steine durch sehr ausgedehnte Gletscher hieher transportirt worden seien. Es werden dafür Gründe im Allgemeinen angegeben, wie auch dafür, daß die Findlinge des Kantons Zug durch 2 verschiedene Gletscher herbeigeführt worden.

3) **Alluvium.** Auf die Gletscherzeit folgte endlich die jetzt noch dauernde Periode, welche sich charakterisirt durch immerwährende Zerstörung der bereits vorhandenen Gesteine und Bildung neuer Ablagerungen aus deren Trümmern, auf denen sich die manigfaltigsten Formen der Pflanzen und Thiere entwickeln. Den größten Antheil an der Umgestaltung der Erdoberfläche besitzt gegenwärtig das Wasser. Durch Niederschläge des im Wasser gelösten Kaltes sind allmälig

die bedeutenden Tuffsteinmassen im Lorzentobel, bei Neuheim ꝛc. entstanden. Die Abdrücke von Blättern, die Gestalt der Moose und anderer Pflanzen, durch deren Verkalkung sie sich bildeten, sind oft noch deutlich darin erkennbar. Auf ähnliche Weise entstehen in unsern See'n kalkige Ablagerungen unter der Mitwirkung der dort lebenden Thierwelt. Den Schlamm, den wir aus ihrem Grunde herausschöpfen, die sog. Seekreide, stellt sich dar als gelblich-weißer körniger Brei, welcher zum größten Theil aus den Resten von Muscheln und Gehäusen von Schnecken besteht. — Aber nicht nur lösend wirkt das Wasser auf das Gestein, auch mechanisch zerstörend, und in Verbindung mit der Luft bewirkt es auch eine chemische Aenderung desselben — die sog. Verwitterung. Dieser unterliegen besonders leicht die Mergel- und einzelne Abarten der Sandsteine. Bei langen Regengüssen lösen sich zuweilen große Massen Mergelschuttes los und bilden verwüstende Schlammströme oder Erdschlipfe, was besonders am Roßberg und bei Walchwil zu fürchten. Bei raschem Laufe trägt das Wasser auch fortwährend Gesteinsmassen mit sich fort; wo sich die Bewegung verlangsamt, läßt es erst das gröbere Kies, dann Sand und endlich feinen Schlamm fallen. Ein derartiges Geschiebe bedeckt den größten Theil der Ebene von Zug und Baar, wahrscheinlich abgelagert durch die Lorze und wilde Bergbäche, wie denn auch urkundliche Aufzeichnungen von mehreren solchen Ueberschwemmungen berichten. In der That stimmt auch das hier angeschwemmte Geschiebe mit den im Lorzentobel anstehenden Gesteinsmassen völlig zusammen. — Nebst den Ablagerungen, welche die strömenden Gewässer erzeugen, sind die Schuttkegel zu erwähnen, welche durch Gebirgsbäche überall da gebildet werden, wo sie in die Ebene hinaustretend oder in den See sich ergießend, langsamer fließen und daher ihre Stoßkraft verlieren. Solche Schuttkegel finden wir z. B. bei Oberwil, Walchwil und Aegeri. Durch die oberflächliche Verwitterung des Gesteins unter gleichzeitigem Einfluß der Pflanzenwelt bildet sich endlich die Ackererde. Wo das Wasser durch den lehmigen oder thonigen Untergrund nicht abfließen kann, wie z. B. auf dem Geißboden, bei Aegeri u. s. f., bilden sich Sümpfe, welche endlich übergehen in nutzbare Torflager."

„Die Flora des Kantons Zug stimmt größtentheils mit derjenigen der benachbarten Kantone überein. Sie charakterisirt sich, wie die Flora der gemäßigten Zone überhaupt, durch ein verhältnißmäßig zahlreiches Auftreten der folgenden Familien: Schoten- und Doldenpflanzen, kätzchentragende, hahnenfußartige, rosenartige, cichorienartige, ragwurzartige, Riedgräser und Binsen. Nach der Individuenzahl herrschen vor: die Gräser, die kätzchen- und zapfentragenden Bäume, welche grasreiche Weiden und Wiesen, so wie große Waldungen bilden. Der Norden und Osten des Zugerlandes gehört der Region des Wallnußbaumes oder der Hügelregion an, welche von 1000—2500' aufsteigt, während der Osten in die Region der Buchen, d. h. von 2500—4000' hinaufreicht, und im Süden am Roßberg auf einem geringen Gebiet noch eine subalpine Flora auftritt. Die Vegetation ist im Allgemeinen bei der Gunst des Klima's und der guten Beschaffenheit des Bodens üppig. Dr. Lusser schrieb darüber (1841): „Nirgends durchbrechen nackte Felskämme den Rasenteppich oder hindern öde Trümmerhalben das Aufkeimen der Pflanzen. Ueberall bis auf die höchsten Berge ist Alles mit Vegetation bedeckt und das Ganze gleicht, zumal im Frühling, wenn Alles blüht und frisch grünt, einem freundlichen Parke aus einem Gemenge schöner, nicht wilder Alpentriften, Aecker, Wiesen, Waldungen, hie und da, in muldenförmigen Vertiefungen von Hochebenen, durch Torfmoore unterbrochen. Die Wiesen und selbst Gemeinweiden, die anderwärts brach und öde liegen, sind bedeckt mit zahlreichen schönen Obstbäumen, die den Wanderer, wie den arbeitenden Landmann sowohl durch kühlen Schatten als duftende Blüthen und saftige Früchte entzücken." "Aber, fügt hier Hr. Mühlberg bei, nicht nur des poetischen Wanderers Gemüth wird durch die Anmuth und Fruchtbarkeit der Vegetation entzückt, auch der wissenschaftliche Botaniker wird hier durch manchen unerwarteten Fund erfreut." Derselbe beruft sich auf Hrn. G. Bamberger in Zug, als den besten Kenner der Zugerischen Flora, der ihm darüber umfassende Mittheilungen machte. Diese umfassen die seltenern Phanerogamen nach ihren Fundorten, besonders Geißboden. Wir müssen diesen interessanten Bericht Kürze halber übergehen. Es wird bedauert, daß es noch nicht möglich ist, in eben so gründlicher Schilderung die Fauna des Zugerlandes vorzuführen; denn zur Erforschung der Thierwelt Zugs ist bis jetzt noch wenig geschehen, ausgenommen für die Säugethiere und Vögel. Von solchen hatte Hr. E. Ant. Keiser eine schöne Sammlung angelegt, welche (1863) durch die Liberalität mehrerer Schulfreunde in Zug Eigenthum unserer Lehranstalt geworden. Sie enthält neben zahlreichen gewöhnlichen Stücken mehrere seltene Arten und wirkliche Prachtexemplare. Unter letzteren wird erwähnt ein kolossaler Uhu, unter ersteren die Zippammer, das Steinhuhn, der schwarze Storch und der Cormoran. Ein interessantes Beispiel dafür, daß oft Vögel aus entfernten Ländern hieher verschlagen werden, ist ein Sarrhaples Pallasli (Faustbuhn), welches im Dezember 1863 im sog. Sumpf zwischen Zug und Cham geschossen wurde. Dieser seltsame Vogel kommt sonst nur in Asien vor.

Die Gewässer des Kantons Zug, die See'n, Flüsse und Bäche, nähren eine Menge Fische mannigfaltiger Art. Es sind jedoch lauter solche, die auch in den meisten andern schweiz. Gewässern vorkommen, die in das Flußgebiet des Rheins gehören.

Zahlreich vertreten ist
a) die Familie der lachsartigen Fische, als:
1. die wohlschmeckende Lachs- oder Seeforelle (Salmo trutta L.);
2. die Bachforelle (Salmo Fario L.), die bis in die Bergbäche sich versteigt;
3. die weit bekannte und beliebte Rothforelle — Zuger-Röthel (Salmo Salvelinus L.);
b) die große Moräne oder der Balchen, Ballen-Belche, Blaufelche (Coregonus Maræna) und der Hägling (Coregonus Albula Agass.);
c) aus der großen Familie der karpfenartigen sind:
1. der gemeine Karpfen (Cyprinus Carpio L.);
2. der Brachsmen (C. Brama);
3. der Alet (C. Cephalus);
4. der Hasel (C. Leuciscus L.);

5. der **Gründling** (C. Gobio);
6. der **Bartgrundel** — das Grundeli (Cobitis barbatula), „Krischnäsli" bei Walchwil;

d) der **Hecht** (Esox Lucius);
e) die **Trüsche** (Gadus Lota);
f) der **Aal** (Muræna anguilla);
g) der **Flußbarsch** (Perca fluviatilis); im ersten Jahr: Hürli, im zweiten: Egli (Aegel), im dritten: Stichli, im vierten: Barsch;
h) die **Groppe** (Cottus Gobio).

Andere weniger bekannte übergehen wir, z. B. Schwüle, Schleichen, Barben ic.

B. Das Volk.

Ueber den Stand der Bevölkerung des Kantons Zug gibt die eidgenössische Volkszählung vom 10. Dezember 1860 zuverlässigen Aufschluß. Wir verweisen auf die vom statistischen Büreau des eidg. Departements des Innern (Bern 1862 und 1863) in zwei Lieferungen herausgegebenen detaillirten Berichte, so wie auf den „Rechenschaftsbericht des Regierungsrathes und Obergerichts des eidgenössischen Standes Zug an den Großen Rath deßelben über das Amtsjahr 1862", welcher eine „Uebersicht" der genannten Volkszählung enthält. Wir begnügen uns, hier nur einzelne Notizen aus dieser Uebersicht anzuführen:

Die Gesammtbevölkerung des Kantons beträgt 19,608 Personen in 2390 Wohnhäusern, 3634 Haushaltungen, nach dem Geschlechte: 9893 männliche, 9715 weibliche Personen; nach den Heimathsverhältnissen: 13,043 Gemeindebürger, 1776 Bürger einer andern Gemeinde des Kantons, 4279 Schweizerbürger aus andern Kantonen, 509 Ausländer, 3 Heimathlose; nach den Aufenthaltsverhältnissen: 15,814 Niedergelassene, 3794 Aufenthalter; nach der Konfession: 18,990 Katholiken, 609 Protestanten, 9 von andern christlichen Konfessionen; nach Sprachverhältnissen: 3630 deutsche Haushaltungen, 2 italienische, 2 romanische. Die Gesammtbevölkerung zeigt seit 1850 eine Zunahme von 2147 Personen. Seit 1860 hat die Bevölkerung theils durch neue Niederlassungen, theils durch Neugeburten im Ganzen mehr zugenommen, als sie durch Auswanderung und Sterbefälle verloren hat. Wenigstens zeigen die alljährlich erscheinenden Verzeichnisse über Geburts- und Sterbefälle der letzten 9 Jahre (Neujahr 1861—1869) zusammen auf 4516 Verstorbene 5276 Geborene, also in dieser Beziehung eine Zunahme von 760 Personen. In mehreren Gemeinden haben sich theils Schweizer, theils Ausländer als Bürger eingekauft, ohne jedoch in der Regel sich bleibend niederzulassen. Auch einige israelitische Familien haben sich seit 2 Jahren im Kanton angesiedelt.

Die körperlichen Eigenschaften betreffend, sind die Zuger im Allgemeinen mittlerer Größe. Hohe Gestalten scheinen mehr in den Niederungen als in den Berggegenden vorzukommen. Man hat aus frühern Zeiten Beispiele von außerordentlicher Leibesstärke oder Größe, z. B. der „Schwandenbub" in Menzingen, J. M. Bossard in Baar und Jos. Etoder von Inwil († 1806), der lange

Sager" in Walchwil ꝛc. Bei dem kleinen Umfange des Gebietes kann sich nicht so leicht eine hervorstechende Verschiedenheit in Gesichts- und Körperbildung gegenüber den benachbarten Bevölkerungen zeigen. Während die Bewohner der westlichen Gemeinden (Risch, Cham, Hünenberg) in ihrer äußern Erscheinung mehr den Typus ihrer Nachbarn jenseits der Reuß (Aargau, Luzern) tragen, haben die Bewohner des Aegerithals mehr Aehnlichkeit mit dem Schwyzervolk; ebenso zum Theil auch die von Walchwil. Die Bewohner der nördlichen Gemeinden (Steinhausen, Baar, Neuheim, Menzingen) machen ihre älteste Abstammung mehr zu Verwandten der Zürcherischen Nachbarn, während im Hauptort sich alle Nüancen auszugleichen scheinen. Bei der in neuester Zeit allgemeiner gewährten freien Niederlassung wird jede Eigenthümlichkeit in dieser, wie in mancher andern Beziehung immer mehr verschwinden.

Auf die körperliche Entwicklung übte bisher, besonders in den Berggegenden, die schlechte Nahrung einen schädlichen Einfluß; in neuerer Zeit auch die frühe Beschäftigung in den Fabriken. Seitdem, mit größerem Wohlstand, kräftigere Nahrungsmittel bei der arbeitenden Klasse Eingang gefunden, hat auch die frühere Einfachheit und Genügsamkeit einer gewissen Verweichlichung und Genußsucht Raum gegeben, welche auch in physischer Beziehung nicht günstig wirkt. Als Beleg hiefür dürfte, nebst andern, der Umstand zeugen, daß unter der militärpflichtigen Mannschaft aus den verschiedenen Altersklassen im Dienstjahr 1862 zusammen 521 Mann wegen körperlicher oder geistiger Gebrechen von der persönlichen Dienstleistung theils bleibend, theils zeitweise freigesprochen wurden, 2 Mann weniger als 1861 und 72 mehr als im Jahr 1860.

Die Lebensdauer anbetreffend, scheinen die Berggemeinden gegenüber den andern auch ein wenig im Nachtheil zu sein. Da es auch hierin an genauern Beobachtungen fehlt, so läßt sich nur so viel sagen, daß, wenn auch viele Sterbefälle vor dem 50. oder 60. Jahre eintreten, dennoch in allen Gemeinden immer noch viele 70- und 80jährige Greise gefunden werden; von 100jährigen kennt man aus früherer Zeit nur 3—4 Beispiele: der 100jährige Landtwing (1603—1703); in der Gemeinde Risch starb 1800 eine Frau von 100¼ Jahren; von 90jährigen kennt man eine schöne Zahl. — Die Sterblichkeit unter den Kindern hat durch allgemeine Einführung der Kuhpocken-Impfung abgenommen. Jedoch wollte man noch in neuester Zeit von kompetenter Seite her eine zu große Sterblichkeit unter den Kindern im ersten Lebensjahre wahrnehmen und schloß auf unrichtige Behandlung von Seite mancher Eltern. Im Ganzen ist das Zugerland bekannt durch seine gesunde Luft; epidemische Krankheiten, wie das Nervenfieber, kommen nicht häufig vor. Auch ist der Kretinismus hier eine Seltenheit.

Die Nahrung betreffend, ernährt sich der zugerische Landmann mit den Erzeugnissen der Viehzucht (Butter, Käse, Molken) und des Ackerbaues, sowie der Obstzucht (Brod, Mehl, "Schnitz" und Erdäpfel). Unter allen Volksklassen ist der Genuß des Kaffee's häufig, der bei oft schlechter Qualität (Surrogat von Cichorien, Eicheln ꝛc.) nicht nahrhaft sein kann und oft sogar schädlich sein müßte, wenn nicht die gute Milch etwas ersetzte. Seitdem in neuerer Zeit in allen Gemeinden eigene Metzgen aufgekommen sind, ist auch der Genuß des gedörrten Fleisches unter dem Landvolke seltener und der des frischen durchgehends häufiger. Unter den geistigen Getränken nimmt der „Most" den ersten Rang ein. Da dieser überall billig, und in guten Obstjahren (wie 1868) auch gut zu haben ist, außerdem auch Land-Wein und fremder Wein nebst Bier nicht theuer sind, so ist der schädliche Genuß von schlechtem Branntwein nicht so häufig wie in gewissen Gebirgsgegenden der Schweiz. Der zunehmende Wohlstand brachte auch viele andere früher nicht gekannte Bedürfnisse; wie sollten sonst 218 Wirthschaften, 12 Zuckerbäckereien 2c. in einem so kleinen Kreise bestehen können?

Die Kleidung betreffend, ist seit Anfang des laufenden Jahrhunderts fast jede Eigenthümlichkeit verschwunden, wenigstens beim männlichen Geschlechte. In den an Luzern und Aargau angrenzenden Gemeinden ist bei dem weiblichen Landvolke noch ein Kostüm, wie auf der dortigen Landschaft, freilich auch in veränderter Form, geblieben. In den übrigen Gemeinden hatte der Kopfputz der Mädchen noch am längsten seine Eigenthümlichkeit behauptet — die silberne Haarnadel in zwei verschiedenen Formen, die nun gänzlich verschwunden. Dafür fängt man bis in die entferntesten Hütten an, die Pariser-Moden nachzuäffen. Der Unterschied der Stände ist aus der Kleidung kaum mehr wahrzunehmen. Das wollene und halbwollene selbstgewobene Tuch ist dem weniger soliden, aber hübscheren Baumwollenzeug gewichen, auch das ehemalige weiße Hirthemd der Bauern hat der blauen Blouse das Feld geräumt. Uebrigens hat auch manches Zweckmäßigere Eingang gefunden und theils vermehrter Erwerb, theils der allgemeine Wohlthätigkeitssinn läßt auch bei der ärmern Klasse selten eine zu dürftige Kleidung bestehen.

Die Wohnungen des zugerischen Landvolks sind durchgehends geräumig und hell, oft mit städtischem Geschmack aufgebaut und eingerichtet. In der Regel besteht nur das Erdgeschoß aus solidem Mauerwerk, die übrigen zwei bis drei Stockwerke sind entweder ganz in Holzwänden (gewattet), oder in Riegelwänden aufgeführt, darüber nach Außen mit einer Uebertünchung von Kalk oder einer zierlichen Schuppendecke von rundlichen Schindeln versehen. Auch in der Stadt herrscht, wenigstens bei Privathäusern, das System der Riegelwandung vor. Die Dächer sind durchgehends mit Ziegeln gedeckt, die ehemals häufigen Schindeldächer mit aufgelegten Steinen, sowie die Stroh- oder Schaubdächer sind fast gänzlich verschwunden. Auch gibt es kaum mehr ein Haus ohne gemauerte Feuerstätte mit Kunstherd aus Stein oder Eisen nebst Rauchfang. Die innere Einrichtung der Bauernhäuser ist übrigens sehr verschieden, je nach dem Grade des guten Geschmacks und der Wohlhabenheit. Wie in der Kleidung, so in der Einrichtung der Wohnungen mengt sich Ländliches und Städtisches, Bäurisches und Herrschaftliches durcheinander. In neuerer Zeit sind die Wohnstuben der ärmeren und mittleren Klasse häufig durch Seidenwebstühle verengt. Auf größeren Bauerngütern befindet sich neben dem Wohnhaus oder in einiger Entfernung eine große Scheuer mit Stallungen, Tenne, Remisen (Schuppen), Heuboden mit dem „Einfahr" (schiefe Ebene aus Mauerwerk und Erdschutt zum bequemen Einführen des Heues und Getreides 2c.). Außerdem stehen gewöhnlich separirt sog. Brenn- und Waschhütten, Dörrofen 2c.

Ortschaften. Der Kanton Zug hat nur eine und zwar kleine Stadt, den gleichnamigen Hauptort des Landes. Das Städtchen **Cham** — ehemals "Burg und Vorburg St. Andreas" — verdient diesen Namen nur in Betreff seiner längst verfallenen Ringmauern, innerhalb welchen außer dem Schloß nur die Kapelle nebst 3—4 Häusern steht. Außerdem gibt es 6 Dörfer: **Baar**, das mehr einem Marktflecken gleicht, **Unterägeri, Oberägeri, Menzingen, Neuheim, Steinhausen, Walchwil**, jedes um seine Pfarrkirche gruppirt. Die Gemeinden Risch, Cham und Hünenberg haben keine eigentlichen Dörfer, wohl aber mehrere kleinere Häusergruppen mit Kirchen oder Kapellen, die wir unten bei den einzelnen Gemeinden anführen werden. Die Zahl der Weiler ist im Ganzen zirka 32, von denen 2 mit Pfarrkirchen, 8 mit Filialkapellen versehen sind. Die übrigen Wohnorte bestehen in einzelnen Höfen mit einem oder auch mehreren Wohnhäusern oder Nebengebäuden.

Erwerbszweige. Landwirthschaft und Viehzucht einerseits, Handel und Gewerbe anderseits, sind die wesentlichsten Erwerbszweige des Kantons Zug. Die übrigen Nahrungsquellen sind untergeordnet.

1) Die **Viehzucht** bildet einen vorzüglichen Theil der Landwirthschaft und in den Berggegenden die Haupterwerbsquelle der Bauern. In frühern Zeiten war fast durchgehends Alpenwirthschaft damit verbunden, indem in Berg und Thal große Allmenden und große Theile von Bauernhöfen im Sommer als Weidgang benutzt wurden. Seit 30—40 Jahren wurden allenthalben die Allmenden unter die Korporationsgenossen vertheilt, und je mehr dem Aderbau zugewendet, und ebenso in Privatgütern manches früher als Weidgang benützte Stück Land dem Anbau von Getreide und Futterkräutern zugetheilt, jedoch bei der Stallfütterung das Erträgniß der Viehzucht nicht vermindert, sondern vermehrt, indem nun der gleiche Boden bei besserer Kultur mehr Stücke Vieh zu ernähren im Stande ist. Dabei nimmt begreiflicherweise die Wiesenkultur und die Besorgung des Viehes mehr Kraft in Anspruch. Die Alpenwirthschaft ist auf die höhern Berge zurückgedrängt (Geißboden, Roßberg, Gottschallenberg, Schneit, Fürschwand ꝛc.). Das Rindvieh ist von großem Schlage, gehört der Schwyzer-Race an und zählt an Schönheit und Nutzbarkeit zu den besten Schweizer-Produkten dieser Art. In Bezug auf die Farbe herrscht die heiterbraune vor. An der landwirthschaftlichen Ausstellung in Bern (1857) betheiligte sich der Kanton Zug mit 15 Stücken Hornvieh, von denen 8 Stücke Preise erhielten. Von jeher wurden alljährlich eine schöne Zahl junger Kühe in's Wälschland getrieben und dort verkauft. Zum Behufe des Viehhandels gab es besonders in Aegeri eine Anzahl sog. Dollmetscher. In neuerer Zeit kommen Händler aus Teutschland, Frankreich und Spanien, um im Lande selbst die schönsten Exemplare um hohe Preise anzukaufen. Ausgeführt werden jährlich wenigstens 1200 Kühe, die auf 330,000 Fr. zu stehen kommen. Etwa 120 Ochsen und 400 Kühe mögen aus den Kantonen Zürich, Aargau und Luzern zum Schlachten eingeführt werden. Für Veredelung des Rindviehes wurden auch hier in neuerer Zeit Anstrengungen gemacht. So läßt die Stadtgemeinde Zug alljährlich Prämien für die besten Zuchtstiere austheilen. — Die Pferde gehören verschiedenen Abarten meistens

deutscher Race an; sie sind groß und ausdauernd, aber verhältnißmäßig nicht zahlreich. Früher zeichnete sich in Bezug auf schöne Pferde besonders das Caerithal aus. Esel und Maulthiere gehören zu den Seltenheiten. Mit Einführung einer bessern Wiesen- und Waldkultur sind auch Schafe und Ziegen seltener geworden. Dagegen wird eine bedeutende Menge Schweine gehalten. Vor einem Jahrzehnt zählte man 5700 Stück Hornvieh, 312 Pferde, 710 Schafe, 1650 Ziegen, 2930 Schweine. Laut Zählung von 1866 waren im Kanton 515 Pferde, 7226 Stück Hornvieh, (darunter 5234 Kühe) 2227 Schweine, 735 Schafe und 552 Ziegen. Seither hat die Zahl des Rindviehs wahrscheinlich zugenommen.

Die größere Zahl Rindvieh, besonders der Milchkühe, wird auch im Sommer durch Stallfütterung ernährt; das Abätzen der Wiesen kommt im Frühling nur selten, im Herbste fast allgemein vor. Junge Rinder und Pferde werden im Sommer in die Alpen getrieben, theils innert, theils außer dem Kanton. Die Sennhütten sind meistens auf einzelne Nachbarschaften vertheilt, als Eigenthum mehrerer angrenzender Höfe, deren Besitzer alljährlich auf Martini in gemeinsamer Uebereinkunft die Milch an einen Unternehmer zu einem bestimmten Preise (14 —18 Fr. per Saum) verkaufen. Oft wird gegen Lieferung des nöthigen Holzes vom Senn die Ausbeute von Molken, Ziger u. dgl. den Bauern überlassen, je nach Verhältniß des gelieferten Quantums Milch. In der Gemeinde Menzingen sind zirka 20 solche „Sennten", in Neuheim 5—6, in der Gemeinde Zug 8 (auf 37 Bauernhöfe), in Risch 9 und in Walchwil 4, im ganzen Kanton zusammen 90, welche bei 3 Millionen Maß Milch zu Käse und Butter verwenden. Die Käse, durchschnittlich à 30 Pfund, sind mehr als zur Hälfte fette, die übrigen magere. Jährlich werden bei 8600 Ztr. Käse und 3600 Ztr. Butter, und dazu verhältnißmäßig Ziger fabrizirt, wovon im Kanton nicht ¼ der Käse, die Hälfte des Butters, hingegen $^9/_{10}$ des Zigers konsumirt wird. Das Uebrige geht außer den Kanton, die Käse besonders nach Italien, Frankreich und Deutschland, Butter und Ziger nach dem Kanton Zürich. Die Einwohner, welche kein eigenes Vieh besitzen, beziehen ihren Milchbedarf entweder unmittelbar von den Bauern oder von den Milchhändlern. Die Sennen liefern die Butter meistens am Wochenmarkte in die Stadt, wo in dem sog. Antenhause unter amtlicher Aufsicht kleinere und größere Ankäufe gemacht werden. Die Preise variiren von 90—120 Cts. per Pfund. Ein neuer Industriezweig mit Milch hat sich in der Gemeinde Cham gebildet, indem seit Beginn des Jahres 1867 von einer Gesellschaft, welche sich Anglo-Swiss condensed Milk company nennt, vermittelst einer neuen Methode kondensirte Milch bereitet wird; die Unternehmer bezahlten die Milch 3 Fr. höher als die Sennen (17 Fr. per Saum) und empfingen von 43 Landwirthen der Umgegend täglich bei 1400 Maß. Das Produkt soll, in hermetisch verschlossenen Büchsen versendet, bei späterer Auflösung in Wasser die Eigenthümlichkeit frischer reiner Milch in ausgezeichnetem Grade besitzen. Die Ausfuhr geht hauptsächlich nach England. Die Bienenzucht wird mit Sorgfalt betrieben, ist jedoch nicht besonders ergiebig.

2) Der Ackerbau geht meistens parallel mit dem Wiesenbau und dient in mannigfacher Weise zu dessen Aeuffnung. Er ist mehr in dem sog. Bauernlande

(Risch, Cham, Hünenberg) ausgeprägt, als in den übrigen Gemeinden. Seit Vertheilung der Allmenden und Beschränkung der Weidgänge ist der Feldbau allerdings ergiebiger geworden, ohne jedoch, bei vermehrter Bevölkerung, die Einfuhr von Getreide entbehrlich zu machen. Das dem Ackerbau gewidmete Areal wird auf 20,000 Jucharten geschätzt, die einen durchschnittlichen Ertrag von 40,000 bis 50,000 Malter Getreide liefern. Rohes Getreide und Mehl werden über Zürich aus Teutschland und Ungarn eingeführt. Am meisten wird Korn (Dinkel) gepflanzt, weniger häufig Weizen, Roggen und Gerste; an Berghalden findet man auch große Saaten von Haber. Der Anbau von Hanf und Flachs ist bei der allgemeinen Verbreitung der Baumwollenzeuge mehr in Abnahme gerathen, jedoch wird immer noch hinlänglich für den Hausbedarf Leinwand fabrizirt. Der Mohnbau ist fast unbekannt, häufiger trifft man Reps (Lewat) und Kohl aller Art, besonders in den Seegemeinden, sowie verschiedene Gartengewächse bis in die höchsten Berggegenden. Als wichtiges Nahrungsmittel sind die Kartoffeln zu erwähnen, deren Ertrag in guten Jahren für den innern Bedarf hinreichend ist. In Mißjahren (wie 1867) werden mehrere tausend Zentner aus dem Aargau eingeführt, öfters sogar aus dem Ausland. Mit dem Ackerbau ist auch der Wiesenbau — Anpflanzen von Futterkräutern — in Verbindung, wie Klee, Esparsette ic. Das Drainiren der sumpfigen Aecker und Wiesen wurde vielfach versucht. Als Düngmittel werden u. A. auch häufig Knochenmehl und Gyps angewendet. Der Wieswachs beträgt jährlich nun wohl über 50,000 Kubikklafter Heu und bei 14,000 Klafter Streue. — In neuester Zeit wurden auch Versuche mit Maulbeerpflanzungen gemacht, die günstige Resultate lieferten. Tabak und Hopfen finden sich kaum versuchsweise vor.

Der Weinbau wird in den Gemeinden Walchwil, Risch, Baar, Zug und Steinhausen auf einzelnen sonnigen Abhängen gepflegt. Sein Gesammt-Areal wird auf 200 Jucharten geschätzt. Der Walchwiler-Wein ist in guten Jahrgängen (wie 1865, zum Theil auch 1868) sehr gesucht. Er hat eine eigenthümliche Schärfe, wird gerne mit andern Sorten vermischt, um sie haltbarer zu machen. Besonders gut verträgt er sich mit dem rothen Italiener. In Walchwil sowohl als in den übrigen Gemeinden sind manche ehemalige Rebländer in Acker- und Wiesland verwandelt worden, theils wegen des geringen Ertrages, theils in der Absicht, der Entrichtung des Zehntens zu entgehen. Der Weinzehnten ist übrigens in neuerer Zeit theils losgekauft, wie in Walchwil, theils umsonst erlassen worden (!), wie in Zug. Vor wenigen Jahren wurden bei Walchwil wieder einige neue Pflanzungen angelegt. In letzterer Gemeinde standen anno 1866 auf 35 Heimwesen zusammen 83,220 Weinstöcke und betrug dafür die Zehntenloskaufsumme Fr. 4161. Der jährliche Ertrag von 1000 Stöcken variirt je nach der Lage und dem Jahrgange von 100 bis 1000 Maß. Man hat berechnet, daß in 17 Jahrgängen (1822—1841) alle Weingüter der Gemeinde durchschnittlich 313 Saum ertrugen, was nach dem gegenwärtigen Bestande zu niedrig erscheint. Man darf annehmen, daß im Kanton in mittleren Jahren bei 1500 Saum produzirt werden. Die Ausfuhr ist nicht bedeutend, wichtiger ist die Einfuhr von ausländischen, besonders aber von inländischen Weinen, besonders aus den Kantonen

Zürich, Thurgau, Schaffhausen, Waadtland und Wallis. Die Einfuhr betrug anno 1867 insgesammt 184,467 Maß Schweizer- und 61,000 Maß ausländischen Wein, im Jahr 1866 bei 16,000 Maß mehr.

Eine der ergiebigsten Erwerbs- und Nahrungsquellen ist, nebst dem Ackerbau und der Viehzucht,

4) die **Obstkultur** in allen Gemeinden. Am günstigsten durch ihre klimatische Lage stehen hierin die Gemeinden Walchwil, Risch, Zug, Baar und Steinhausen. In den Berggegenden wirkt oft die Kälte des Winters und des Frühlings nachtheilig ein. Neben dem starken Verbrauch im Lande werden gedörrte Kirschen, Kirschwasser von vorzüglicher Güte, gedörrte Aepfel und Birnen („Zugerschnitze"), Most ɔc. auch ausgeführt. Es werden in mehreren Gemeinden auch sog. „Baumschulen" gehalten und alljährlich viele Setzlinge versendet.

Die statistische Tabelle von Walchwil im Jahre 1866 zeigt auf den 145 Heimwesen der Gemeinde folgende Gesammtzahl der Bäume auf:

Kastanienbäume	4458
Nußbäume	627
Birnbäume	6066
Aepfelbäume	2928
Kirschbäume	7973
Zwetschgenbäume	1233
Aprikosenbäume	38
Zusammen	23,323 Obstbäume.
Dazu junge Setzlinge von Birn- und Apfelbäumen zusammen	92,759.

Der jährliche Ertrag der einzelnen Baumfrüchte im ganzen Kanton läßt sich nicht leicht auch nur annähernd bestimmen. Im Jahr 1867 war der Ertrag der Kirschen ein sehr ergiebiger, dagegen ertrugen Birnen und Aepfel im Allgemeinen nur ¼, die Zwetschgen nur 1/20 eines gewöhnlichen Jahres. Der mittlere Preis von 1 Ztr. gedörrter Kirschen war = 32 Fr., von Birnen 25 Fr. Das Jahr 1868 brachte einen reichen Ertrag an verschiedenen Baumfrüchten, besonders Aepfeln. In Folge dessen kaufte man zu Anfang des Jahres 1869 in Zug zu folgenden Preisen:

a.	Gedörrte Kirschen zu	21—23	Fr. per Ztr.
b.	„ Birnen, ordinäre zu	16	„ „ „
c.	„ „ feine Sorte zu	23	„ „ „
d.	„ Zwetschgen zu	22	„ „ „
e.	Wallnüsse	12—14	„ „ „
f.	Edelkastanien von Walchwil und Risch zu	8—10	„ „ „
g.	Kirschwasser à	1 Fr. 65—2	„ „ Maß.
h.	Obstbranntwein („Träsbrenz") à	90—100	Cts.

Eine große Menge **Erdbeeren** werden am Walchwiler-Berg, in Aegeri ɔc. gesammelt, wie auch **Wachholderbeeren**. Die Wallnußbäume sind mehr in Abgang gekommen. Kastanien liefern in ziemlicher Menge die Gemeinden Walchwil und Risch. Südfrüchte, wie Aprikosen, Pfirsiche, Feigen kommen vereinzelt auch an sonnigen und geschützten Orten vor. Um die Güte und Manigfaltigkeit der zugerischen Landesprodukte aus dem Gebiete der Landwirthschaft näher zu beleuchten, wollen wir eine bezügliche Stelle aus dem „Bericht des Kantonal-Komite Zug über die dritte schweiz. Industrie-, Kunst- und landwirthschaftliche Ausstellung in Bern" (1857) zitiren. (S. 25—28).

„Die zugerischen Landesprodukte: „Kirschenwasser und getrocknetes Obst" bewährten den alten Ruf, indem ihnen auf dieser Abtheilung die ersten Preise zufielen. In den 22 Kisten des landwirthschaftlichen Vereins waren folgende im hiesigen Lande wachsende Sorten von Baum- und Feldfrüchten ausgestellt:

156 Aepfelsorten, davon 13 Sorten feines Tafelobst,
  76 „   „ Tafel- und landwirthschaft-
      liches Obst;
138 Sorten Birnen, davon 53 Sorten feines Tafelobst.
  8 „   Steinobst,
 27 Sorten Weintrauben,
 13 „   Kartoffeln,
  7 „   Zwiebeln,
 16 „   Getreide,
  3 „   Rüben,
  5 „   Bohnen,
  3 „   Quitten,
  5 „   Nüsse,
  4 „   Kastanien,
  7 „   Weine,
  3 „   Most,

nebst Honig, Wachs, Mispeln und Erdbeeren.

Das Preisgericht urtheilte, daß die Aufgabe der Ausstellung durch die Vielseitigkeit am besten gelöst sei und erkannte dafür die erste Medaille.

Die Obstsorten wurden meistentheils in den Gemeinden Zug und Risch gesammelt, einige in Steinhausen, Cham, Hünenberg und Walchwil; aus den Berggegenden keine. Da die Frühsaison im Oktober vorüber war, so konnten eine Menge Obstsorten, namentlich Steinobst (Kirschen, Zwetschgen, Pflaumen), wie das frühe Kernobst (Birnen) nicht an die Ausstellung gebracht werden; mit diesen Sorten würde das Ausstellungs-Sortiment beinahe eine Verdoppelung erhalten haben."

Von volksthümlichen Benennungen einiger Obstsorten führen wir, Beispiels halber, folgende Namen an:

a Birnen: Heubirnen, Wasser-, Theilers-, Leder-, Gisler-, Rheinthaler ıc.
b. Aepfel: Süßbreitach- und Sauerbreitach-, Eigristen-, Karbändler-, Pfund-, Malzach- ıc. (Vergl. die geist. Getränke der Zuger v. Mühlberg, 1865.)

5) Forstbau. Dem „Bericht des hohen schweiz. Bundesrathes über die forstlichen Zustände der Alpen ıc. (1863)" entnehmen wir, daß im Kanton Zug auf 65,300 Jucharten des Gesammtflächeninhalts 8,900 Jucharten Wald-Areal oder 13,$_6$ der Gesammtfläche bewaldet sind.

Die Korporation Zug besitzt
a. an 17 Waldbezirken in der Stadtgemeinde . zirka 1600 Juch.
b. an 24 Waldbezirken außer der Gemeinde . . „ 1900 „
Privaten der Stadtgemeinde besitzen in der Gemeinde „ 77 „
außer der Gemeinde „ 37 „
Total: „ 3614 „

Vor 20 Jahren wurde die Waldung des Kantons auf 12,584 Jucharten geschätzt.

Der nachhaltige Ertrag der Waldungen wird auf 60 Kubikfuß per Juchart, im Ganzen auf 534,000 Kubikfuß berechnet, der Normalertrag der Waldungen per Juchart 70 Kubikfuß, im Ganzen 623,000 Kubikfuß. Auch wird nachgerechnet, daß im Verhältniß zur Zahl der Einwohner und Haushaltungen der Holzbedarf 192,800 Klafter mehr beträgt, als der nachhaltige Ertrag. Es ist also auch hier, wie in mehreren andern Kantonen, ein Mißverhältniß zwischen Ertrag und Verbrauch. Von den im Allgemeinen gerügten Fehlern der Forstkultur und des Holzverbrauchs betreffen einige auch den Kanton Zug. In Folge der Erweiterung des Acker- und Wiesenlandes und der daherigen Zunahme der Bevölkerung fanden neue Rodungen statt; — bei zunehmendem Bedarf, als die Holzpreise stiegen, wurden besonders die Privatwälder gelichtet, während auch manchen Gemeindswaldungen stark zugesetzt wurde. In den letztern, namentlich in denen von Zug, wurde zwar eine sorgfältigere Pflege angebahnt, in andern Gemeinden die Ausfuhr von Holz beschränkt; aber ohne daß darum die Befürchtung eines künftigen Holzmangels gehoben würde. Die Saatpflanzungen von Waldbäumen sind noch zu wenig verbreitet, Gehäge und Gebüsche verschwinden immer mehr — sogar an steilen Abhängen, in schattigen Thalschluchten, an Bächen und Flüssen wird ausgerodet statt gepflanzt. Allerdings ist dem schädlichen Abweiden der Waldstellen durch Rindvieh, Ziegen und Schafe bedeutend abgeholfen; aber das ersetzt noch lange nicht den Mangel einer guten Forstwirthschaft. Ein in dieser Beziehung seit Jahren verberathener Gesetzesvorschlag erhielt (Anno 1868) noch nicht die Mehrheit des Gr. Rathes. Dagegen steht von dieser Seite in Aussicht, daß durch geeignete Belehrung der Waldbesitzer und Bannwarte eine rationellere Pflege der Gemeinde- und Privatwälder in Aufnahme komme. Unter den Holzarten herrscht das Nadelholz vor: Roth- und Weißtannen, auch Forchen ꝛc., doch gibt es auch viel Laubholz: Buchen, Ahorn, Eichen ꝛc. — Zur theilweisen Verminderung des Holzmangels dienen die alljährlich in Abgang kommenden zahlreichen Obstbäume. Es werden da und dort die letzten Ueberreste des Obstes, nachdem dieses seinen Gehalt an Saft und Geist (Most und Branntwein) abgegeben, noch in Formen gestoßen, dann an der Luft getrocknet („Träst-Stöckli") und mit Vortheil zur Heizung verwendet. Aber ein noch ergiebigeres Ersatzmittel für das Brennholz gewährt der Torf, der in mehreren Lagern gestochen wird: am Roßberg eine vorzügliche Qualität, in der Gemeinde Oberägeri hinter dem Raten gegen Rothenthurm, wo seit mehreren Jahren von einer zürcherischen Gesellschaft die großen „Möser" systematisch ausgebeutet werden. Der dortige Torf wird zu den besten der Schweiz gerechnet. Auch in der Gemeinde Menzingen

finden sich Torflager an verschiedenen Stellen, besonders ergiebige auf dem Geiß=
boden bei Zug und auf der Walchwiler Allmend, Foren=Moos ꝛc. Es wird seit
einigen Jahren ein bedeutendes Quantum Steinkohle eingeführt, so für die
Baumwollenfabriken im Jahr 1867 allein 20,000 Ztr.

6) **Bergbau.** Das oben erwähnte Steinkohlenbergwerk im Greith, Gemeinde
Menzingen, ist wegen Mangel an Ergiebigkeit wieder eingegangen. Dagegen
liefern die Sandsteinbrüche bei Walchwil, (Gebel, Platten, Eichenweid), am
Riemen (Luzerner Territorium) und bei Unterägeri am Wilerberg und auf der
Allmend eine reichliche Ausbeute, die in der neuesten Zeit nicht bloß in der Nähe,
sondern auch bis nach Luzern und nach Zürich (Bahnhof) eine massenhafte Ab=
nahme fand. Die Granit=Findlinge bei Risch sind von geringerem Belange.
Das große Tufflager in der sog. Hölle an der Lorze, Gemeinde Neuheim, lieferte
in frühern Jahren große Massen guter Bausteine für den Eisenbahntunnel bei
Wettschwil und andere Bauten. Ein zweites Tufflager befindet sich hinter Neu=
heim unter dem Schwellbühl, das bis dahin wenig ausgebeutet wurde. Auch bei
Unterägeri am Stampfbach gibt es Tuff.

7) **Manufakturen und Fabriken.** Zu Anfang dieses Jahrhunderts
war bei der ärmern Klasse das Seidenspinnen, dann auch das Kämmlen im
Schwung. Seit zirka 40 Jahren gehören zur einheimischen Industrie besonders
die Seidenweberei und die Baumwollen=Spinnereien und Weber=
cien. Die Seidenweberei wird fast einzig von der weiblichen Bevölkerung
betrieben. Dieser wichtige Verdienstzweig wurde um das Jahr 1828 von Zürich
in unsern Kanton eingeführt und erreichte schon in den nächstfolgenden zehn
Jahren eine große Ausdehnung. Die Weberinnen haben vor den Fabrikarbeitern
den Vortheil, daß sie ihren Stoff zu Hause verarbeiten und nebenbei noch häus=
lichen Geschäften obliegen können. Am zahlreichsten finden sich solche in den
Berggemeinden Aegeri, Menzingen, Neuheim, Walchwil, wo die Landwirthschaft
nicht genügende Beschäftigung bietet. Nach der Volkszählung von 1860 gab es
im Kanton 1190 Seidenweberinnen, eine Zahl, die seither um etwa 100 abge=
nommen hat. Der Verdienst, per Woche zu 4—5 Fr. berechnet, dürfte sich per
Jahr auf 250,000 Fr. belaufen. Die Arbeit wird von Fabrikanten aus dem
Kanton Zürich bezogen und durch sog. Ferger vertheilt. Es werden hier größten=
theils nur leichtere — einfarbige und gestreifte — Stoffe in der Breite von 14
—22 franz. Zoll verarbeitet: Marselines, Gros de Naples, Quadrilles und Rayés.
Von Zeit zu Zeit ergeben über die Seidenfabrikation sehr drückende Verhältnisse,
hohe Rohstoffpreise, Mangel an Absatz, starke Konkurrenz ꝛc.

Im Jahr 1832 wurde die erste **Baumwollenspinnerei**, und zwar in
Unterägeri erbaut und mit einem Wasserrad von 20 Pferdekraft in Betrieb
gesetzt. An dessen Stelle kam 1841 eine Turbine von 30 Pferdekraft, anno 1846
trat die Spinnerei in Neuägeri in Thätigkeit, 1847 die **mechanische Weberei**
an der Lorze in Zug und 1850 die mechanische Weberei in Unterägeri, in Ver=
bindung mit der Spinnerei. Endlich 1854 begann der kolossale Bau der Spinnerei
an der Lorze in Baar, welche seit Mitte des Jahres 1855 zur Hälfte, seit 1860
vollständig dem Betrieb übergeben worden (2 vierstöckige Flügel, jeder von 320′

Länge mit einem Mittelbau. Alle diese Etablissements verdanken ihr Entstehen größtentheils der einsichtigen Thätigkeit des Herrn Nationalrath W. Henggeler von Unterägeri. Die Gebäulichkeiten sind in der kantonalen Feuerassekuranz nur mehr theilweise versichert, die Mobilien bei der schweiz. Mobiliar- und der schles. Feuerassekuranz-Gesellschaft. Alle diese Etablissements werden mit Gasflammen aus Bogbead-Steinkohlen beleuchtet; Wasserheizung dient zur Wärmung der Räumlichkeiten. — Das neueste Etablissement dieser Art besteht seit 1862 bei Cham, im „Hagendorn", ebenfalls an der Lorze.

Nach neuesten Mittheilungen von Baar beträgt der dortige Verbrauch in Baumwolle 155,000 Ztr., die Garn-Produktion 13,900 Ztr. Die Pferdekraft der Turbine = 224, die Spindel-Zahl = 62,600; Arbeiterzahl = 600. Der Arbeitslohn steigt von 1—5 Fr., durchschnittlich = 1 Fr. 50 Rp.; die tägliche Arbeitszeit = 12 Stunden. Für sämmtliche Arbeiter besteht eine obligatorische Sparkasse. Jeder 14. Tag ist Zahltag, wobei von dem betreffenden Lohne je 3% der Sparkasse der Fabrik einverleibt und vierteljährlich in der kantonalen Sparkasse in Zug angelegt werden. Die Zahl der Gasflammen im Innern der Spinnerei beläuft sich auf 731, außerhalb derselben auf 17. Aehnliche Einrichtungen bestehen an den drei übrigen Spinnereien (Unterägeri, Neuägeri, Cham,) und an den Webereien von Unterägeri und Zug. Aus einer Tabelle von 1867 entnehmen wir folgende statistische Angaben: In den 4 Spinnereien laufen 111,272 Spindeln, der jährliche Verbrauch an roher Baumwolle = 26,758 Ztr. Das gelieferte Garn = 23,034 Ztr. Zahl der beschäftigten Arbeiter = 1208; bezahlte Arbeitslöhne = Fr. 526,656. In den beiden Webereien arbeiten zusammen 205 Personen an 427 Webstühlen, welche 2,567,148 Stäbe Tuch von 23—43" Breite liefern; Arbeitslöhne = Fr. 110,000. In dem genannten Jahre war übrigens die Baumwollen-Industrie eine sehr schwierige aus mehreren Gründen. Die Absatz-Verhältnisse scheinen sich seither in etwas gebessert zu haben.

Zu den wichtigern Industriezweigen gehört auch die Papierfabrikation. Es sind zwei Papierfabriken im Kanton. Die eine — in Cham — liefert per Jahr gegen 11,000 Ztr. feinere Papiere, wovon ein Drittel exportirt wird. Es sind dabei 100 Arbeiter beschäftiget. Eine zweite — in Baar — mit 20 Arbeitern, fertigt größtentheils Pappendeckel für die Seidenfabrikanten und Buchbinder und findet ihren Absatz nach Zürich und Basel.

Zu den übrigen Gewerben im Kanton gehören 3 Buchdruckereien, 1 lithogr. Anstalt, 4 Rothgerbereien, 2 Seifen- und Kerzenfabriken, 3 Bierbrauereien, 1 Leinwandbleiche, 3—4 Färbereien u. a. m., über welche uns genauere Angaben fehlen.

8) Transit und Handel. Der Waaren-Transit ging früher größtentheils von der Sihlbrücke über Baar nach Zug, und von da theils über den See nach Arth und Immensee, theils auf der Achse über Cham und Rothkreuz nach Luzern. In frühern Jahrhunderten, als noch fast keine fahrbaren Straßen waren, ging der Waarenzug vermittelst Saumthieren und war an gewisse Brückenzölle, Weggelder und Sustgebühren gebunden. Noch in neuerer Zeit bestanden 13 Zoll-

und Weggeldbüreaux, wovon 6 auf der Grenze. Der jährliche Netto-Ertrag der Zölle und Weggelder belief sich nach durchschnittlicher Berechnung auf 5700 Fr. und 20% waren die Erhebungskosten. Noch wird an den Grenzposten der Einfuhrzoll bezogen. Die Erstellung guter Straßen nach verschiedenen Richtungen, sowie die eines Dampfschiffes auf dem See (1852) brachte einen lebhafteren Personen- und Waaren-Transport in's Leben. Die neu erstellte Eisenbahn von Zürich durch das Knonauer-Amt nach Zug und von da über Cham nach Luzern hat nun einen noch lebhaftern Verkehr herbeigeführt.

Es bestehen mehrere Handelsfirmen in Landesprodukten, Eisen, Wein, Spezereien ꝛc., über die uns ebenfalls nähere Angaben fehlen. Nach einer ältern Notiz werden u. A. von rohen Fellen etwa 700 Kalbfelle, 800 Schaffelle und 100 Ziegenfelle nach Frankreich, Württemberg, Baiern und Baden ausgeführt, während die übrigen Rohfelle hier gegerbt und verarbeitet werden. Die Einfuhr fremden rohen Leders mag in etwa 100 Stück Wildhaut aus Amsterdam bestehen, während verarbeitetes Leder zu etwa 160 Ztr. Schmal-, 25 Ztr. Sohl-Leder, nur wenig Kalbfell und dann für etwa 10,000 Fr. Zeugleder, Safian und Weißleder, eingeführt wird. Die hiesigen Gerbereien verarbeiten jährlich etwa 2000 Stück Häute Sohlleder, 100 Stück Schmalleder und 2100 Kalbfelle. Handschuhe werden hier nicht fabrizirt; der wenige Bedarf wird größtentheils von Außen bezogen. Nur selten mag von hier Wolle ausgeführt werden, da selbe im Kanton selbst für Eigengebrauch verarbeitet wird. — Tabak wird hier nicht gepflanzt, aber bei 1400 Ztr. eingeführt. Die jährliche Einfuhr von Zucker mag etwa 300 Ztr., Kaffee 200 Ztr., Cichorien 500 Ztr., Gewürze 100 Ztr., Oele 400 Ztr. betragen, wovon ein Theil wieder außer den Kanton verkauft wird. In neuester Zeit wird auch viel Petroleum eingeführt.

9) **Jagd und Fischerei.** Die Jagd ist seit zirka 30 Jahren nicht mehr frei, sondern an gewisse Verordnungen und Patente gebunden. Im Herbst 1863 wurden 87 Patente (à 10 Fr.) ausgestellt, ebenso 1868. Die Jagdzeit erstreckt sich vom 15. September bis Neujahr, die Frühlings-Schnepfenjagd vom 15. März auf 3 Wochen. An Sonn- und Feiertagen ist alles Jagen verboten. Es kommen jedoch nicht selten Jagdfrevel vor, die gewissen Bußen unterliegen. Von Hochwild zeigen sich seit vielen Jahren kaum mehr einzelne Spuren. Die Jagd auf Hasen, Füchse, Haselhühner, Birl- und Auerhähne, Schnepfen, Wildenten, ꝛc. ist je nach den Jahrgängen von verschiedener Ergiebigkeit, im Ganzen von Jahr zu Jahr geringer. Es wurden in frühern Zeiten auch viele Schnepfen und anderes Geflügel in Schlingen gefangen. Auch Vogelherde hatte es noch bei Menschengedenken auf mancher waldigen Anhöhe, die nun mehr aus Mangel an Ertrag, als aus Schonung der nützlichen kleinen Vögel eingegangen sind. Das Erlegen der schädlichen Raubvögel wird weniger betrieben, weil kein Schußgeld auf dieselben gesetzt wird.

Erträglicher als die Jagd ist die **Fischerei**. Die sog. „Fischenzen" gehörten schon vor Jahrhunderten zu verschiedenen grundherrlichen Rechten und wurden theils in natura, theils in Geld verzinset. Heute besitzt die erträglichste Strecke die Korporation Zug, welche dieselbe in Pacht gibt, nämlich von der Vorlorze bis Cham; aufwärts von der Vorlorze bis St. Adrian ist die Fischerei frei für Zug und Walchwil; am jenseitigen Ufer folgen die Fischenzen des Schlosses Buonas, des Ortes Buonas, am Abfluß der Lorze die der obern Mühle in Cham. Für Vermehrung der Fische wurde bis dahin wenig gethan; im Gegentheil soll durch den Abfluß von Gasbereitungsstoffen bei den Fabriken in die Lorze dem Forellen-Fang großer Abbruch geschehen sein, so daß jetzt statt der 30 und 40 Zentner kaum mehr 10 Zentner gefangen werden. Der Fischfang wird im Kleinen mit der Angel, mit der Jagdflinte ꝛc. betrieben, im Großen durch Netze und Reußen, sog. „Bären", in den „Jachen"; bei Aegeri auch mit „Geren" zum Stechen der Forellen in der Lorze. Besonders lebhaft ist im November und Dezember zur Laichzeit der Röthelfang bei Lothenbach und Walchwil. Ueber den ungefähren Ertrag der Fischerei im Zugersee machte Hr. Wickart in Zug (1864) folgende Berechnung, hinter welcher der Jahrgang 1868 bedeutend zurücksteht.

Name der Fische	Quantum in Zentnern	Preis per Pfund.		Gesammt- summe.	Name der Fische	Quantum in Zentnern	Preis per Pfund.		Gesammt- summe.
		Fr.	Rp.	Fr.			Fr.	Rp.	Fr.
Aal ..	6	1	20	720	(Transport):	172	—	—	11,000
Hecht ..	80	—	70	5600	Alet ..	5	—	20	100
Forellen .	9	1	20	1080	Karpfen .	½	1	70	350
Balchen .	40	—	50	2000	Röthel .	100	—	—	10,000
Albeln .	10	—	50	500	Hasel Winger Grundel Flingli	30	—	20	600
Trüschen .	7	1	—	700					
Brachsmen	20	—	20	400					
	172			11,000		307½			22,050

Man kann also annehmen, daß im Zuger-See jährlich wenigstens zirka 300 Zentner im Werthe von 20—22,000 Fr. gefangen werden. Da der obere See bei Arth, Immensee, Riemen, nicht zum Kanton Zug gehört, so würde diese Summe auf alle Gewässer des Kantons ausgedehnt, dennoch nicht zu groß sein; denn im Aegeri-See kommen fast dieselben Gattungen der Fische vor und es werden jährlich ungefähr gefangen:

Hechte: . . . . 12—13 Ztr.
Forellen: . . . . 2 „
Röthel: . . . . 10—11 „
Trüschen: . . . . 2½ „
Aale: . . . . 1 „
Karpfen: (Egli) . . . . 1 „

Die Preise sind ungefähr dieselben wie in Zug. Auch das Wyler-Seelein hat 3—4 Sorten Fische, Rötheli, Brachsmen ꝛc., die nur an der Angelruthe gefangen werden. — Die Fische werden zum Theil außer dem Kanton verkauft, im Sommer besonders auf dem Rigi, in Albisbrunn ꝛc. Im Winter werden oft Rötheli in Kistchen verpackt und weit versendet. Seit mehreren Jahren wird auch der Rogen dieser gesuchten Fische gesammelt und in auswärtige Fischzuchten versendet. In neuester Zeit zeigte die Ergiebigkeit des Fischfanges eine bedeutende Abnahme.

Aus- und Einfuhr. Die Bilanz zwischen Ein- und Ausfuhr hat sich in neuerer Zeit bei verbesserter Landwirthschaft und vermehrter Industrie günstiger gestaltet als ehemals. Die Ausfuhr besteht in Rindvieh, Käse, Butter, Leder, Geflügel und Fischen; dann in Holz, Torf, Branntwein, besonders Kirschwasser, Most, gedörrtem Obst, baumwollenem Garn und Baumwollen-Zeugen, Seidenzeugen ꝛc.

Dagegen wird eingeführt: Salz, Getreide, Tabak, Zucker, Kaffee, Gewürze, Baumwolle, Seide, allerlei Arzneistoffe, Reis, Wein, Oel, Metalle, Schießpulver, feine Tücher ꝛc.

Der **Vermögenszustand** hat in neuerer Zeit bedeutend zugenommen. Es gibt zwar wenige Personen, welche über 100,000 Fr. besitzen. Dagegen ist der Mittelstand im Allgemeinen wohlhabend; die arbeitende Klasse findet hinlänglichen Verdienst und die Armuth ist bei den vielen wohlthätigen Anstalten selten drückend.

Laut „Rechenschaftsbericht" von 1867 beläuft sich das versteuerte Kapital in 2435 Posten auf 38,582,250 Fr., wobei die Stadtgemeinde Zug mit 13,300,750 Fr. Kapital in 595 Posten, die Gemeinde Baar in 371 Posten mit 6,274,000 Fr. Kapital vertreten ist. Die Assekuranz-Summe der Gebäulichkeiten beträgt nach neuer Schatzung im Ganzen 25,167,900 Fr. Es darf in Bezug auf das versteuerte Kapital bemerkt werden, daß dasselbe bedeutend unter dem wirklichen Kapitalvermögen angesetzt ist.

Märkte. Zur Erleichterung des Handels und Verkehrs im Innern und nach Außen hat der Hauptort jeden Dienstag einen Wochenmarkt, außerdem fünf Jahrmärkte. Ebenso haben noch 11 Ortschaften des Kantons ihre einzelnen Jahrmärkte, an denen u. A. auch kleines und großes Vieh verhandelt wird.

Münzen, Maß und Gewicht. Gleich andern Kantonen hatte auch Zug bis in die neueste Zeit einen eigenen Münzfuß, ähnlich dem von Luzern (Gulden, Schilling, Rappen, Angster), auch im XVI. bis XVIII. Jahrhundert eine eigene Münzstätte, wo Dukaten, Thaler, Diken ꝛc. geprägt wurden.

Mit Einführung des eidgenössischen Geldes verschwanden auch die wenigen kleinen Zuger-Münzen, welche noch mit den verschiedenartigen in- und ausländischen Geldsorten im Umlauf waren. — Das zuger'sche Maß und Gewicht ist ebenfalls dem eidgenössischen gewichen.

Gesellschaftlicher Zustand. a) **Sprache.** Der Zuger-Dialekt weicht im Wesentlichen von der Mundart der angrenzenden Kantone nicht ab. Jedoch zeigen sich erkennbare Verschiedenheiten zwischen den einzelnen Gemeinden in Bezug auf mehr oder weniger harte Aussprache der Konsonanten und Dehnung der Vokale und Diphthonge, z. B. abe == herab, lautet in den Berggegenden „appe"; das k am Anfange der Wörter wird allenthalben wie ch ausgesprochen, wie in „Chäs-Chuoche" == Kästuchen; b und d fast wie p und t; das e wird meistens wie ä, fast wie a, in Baar dagegen gedehnt ausgesprochen; das Wörtchen ja lautet in Aegeri wie jonh, in Menzingen joh, in Baar jah; üfi == unsere, in Baar eufi, wie füf == feuf == fünf ıc. Die männlichen Eigennamen werden in Zug häufig auf i korrumpirt, z. B. Hani, Sebi, Michi, Franzi, Mänzi, Stini ıc., wie in alten Schriften, Hänsli, Jackli, Götschi, Erni, Klävi ıc. Von Ausdrücken, die in Stablers Lexikon nur theilweise vorkommen, erwähnen wir z. B. ellig == dick == ehemals; „a-segi-das" == nahezu; Hürumpeiß == Hürebbeiß == Erstlinge von Obstfrüchten, seltsame, wohlschmeckende Speise, was man heuer zum ersten Male abbeißt; Behte == Liste, lange Behte, Klopfbehten == eine Art Kartenspiel; Bütschgi == Büzgi == Buzen (Tyrol) == Kerngehäuse des Obstes; chlödere == Frost empfinden; Gaumet, von „gaumen", zu Hause bleiben, oder das Haus bewachen, daher „gaumid wohl!" == habt gute Aufsicht zu Hause!; Gunterum, auch Kantrum, == Kommode; girbsche == treischen, mit den Zähne girbsche" == Zähne knirschen; Hgermändli == Schneeglöckchen; Giß == rothe Schnecke; Gueg == ein Käfer, z. B. Donner-Gueg == Hirsch= schröter (Lucanus cervus), Gold-Gueg == Goldkäfer (cetonia aurata), dimin. Güegli, z. B. Katharina-Güegli == Marienkäfer, = Blattlauskäfer (Coccinella); Chriesi-Gugh == Baumwanze (Cimen baccarum L); gutue == zudringlich ab= warten, wo es etwas zu schmausen gibt; Nachtig == guter Tropf; Näpper == Bohrer; öd == eitel; Oelgöz == Maulaff; Schluft und Schlurg == nachläßiger Mensch; Sturiaugh == großer Kerl; Splendeseze == lächerlicher Prunk, splen= dorem seci; Stantebedi == stante pede, sogleich; taib == taub == zornig ıc. ıc.

Uebrigens hat in neuerer Zeit die freie Niederlassung und bessere Schul= bildung manches Eigenthümliche ausgeglichen oder verdrängt.

b) **Bildungsanstalten.** Sowohl der Kanton im Allgemeinen als die einzelnen Gemeinden machten in neuerer Zeit große Anstrengungen für Hebung des Schulwesens. Einem Erziehungsrathe von 7 Mitgliedern ist die Oberleitung desselben anvertraut. Jede der 11 Gemeinden hat eine Schulkommission von 5—11 Mitgliedern.

Im Jahr 1867 war die Anzahl der Primarschulen == 50, von denen 20 Knaben-, 17 Mädchen- und 12 gemischte Schulen sind. Diese wurden von 1145 Knaben und 1070 Mädchen, zusammen von 2215 Kindern besucht. Die Lehrer= schaft bestand aus 54 Personen (31 Lehrer und 23 Lehrerinnen). Von den Lehrern waren 10 Geistliche, 21 Weltliche; von den Lehrerinnen 4 Klosterfrauen, 17 Lehrschwestern, 2 weltlichen Lehrerinnen. — Die Besoldung eines Lehrers beträgt 600—900 Fr., die einer Lehrschwester 300—400 Fr.; die Klosterfrauen in Zug unterrichten unentgeltlich.

Die Schulpflicht der Kinder erstreckt sich auf die 6 Jahrgänge der Primar= schule, nebst 3 Jahren Repetirschule. Schulen dieser letztern Art bestehen in allen Gemeinden, zusammen 19 und sind dieselben 1863 reorganisirt worden.

Ihre Frequenz beläuft sich auf 400—500 Schüler und Schülerinnen. Es bestehen auch 3 **Privatschulen**, von denen 2 **Fabrikschulen** bei Aegeri sind, zusammen 100—130 Kinder; auch eine Sonntags-Zeichnungsschule in Zug.

Seit einigen Jahren bestehen im Kanton auch 5 **Sekundarschulen**, die (1867) von zusammen 111 Schülern (darunter 34 Mädchen) besucht und von 5 Hauptlehrern und 12 Hilfslehrern besorgt wurden. Die Hauptlehrer (mit Ausnahme der Töchterschule in Zug) beziehen eine Besoldung von je 1500 Fr., an welche der Kanton ⅔, die Gemeinde ⅓ gibt.

Ebenfalls neu gegründet ist die kantonale **Industrieschule**, in Verbindung mit dem länger bestehenden Gymnasium der Stadt Zug und im Anschluß an die Sekundarschule daselbst, welche mit den zwei untersten Klassen des Gymnasiums verbunden ist. Die Industrieschule besteht aus vier Jahreskursen, die von zirka 30 Schülern besucht und von 5 Industrie- und 2 Gymnasiallehrern nebst einigen Nebenlehrern besorgt werden. Sammlungen an Apparaten und Naturgegenständen ꝛc. erleichtern den Unterricht in den Naturwissenschaften.

Die **Lateinschulen**, sowohl in der Stadt, als in den Gemeinden, sind in den letzten Jahren sehr schwach besucht. Eine verhältnißmäßig große Zahl Gymnasialschüler besucht auswärtige Anstalten, als Einsiedeln, Schwyz, Feldkirch ꝛc.

Die Schulgüter betreffend, weist die Schulrechnung von 1867 in allen 11 Gemeinden zusammen an Einnahmen 50,451 Fr., an Ausgaben 48,595 Fr. bei einem Gesammtvermögen von 422,642 Fr., wobei die Stadtgemeinde mit 240,472 Franken figurirt. Neben den Gemeinden verausgabte der Kanton für das Schulwesen die Gesammtsumme von 7,385 Fr., die Sparkasse 1,800 Fr. In den Gemeinden sind in neuerer und neuester Zeit neue Schulhäuser erstellt worden; für solche haben namentlich die beiden Frauenklöster Frauenthal und Maria Opferung bedeutende Opfer gebracht. Der Unterricht in den öffentlichen Schulen wird unentgeldlich ertheilt. Um ärmern Schülern den Besuch auswärtiger höherer Lehranstalten zu erleichtern, bestehen in den meisten Gemeinden Familien-Stipendien. Für Heranbildung junger Lehrer an auswärtigen Seminarien ertheilt der Staat auch Lehrerstipendien.

Von den Erziehungsinstituten sind zu erwähnen: das Lehrschwesterninstitut in Menzingen, das Töchterinstitut bei Maria-Opferung in Zug, das Töchterinstitut der Schwestern vom hl. Kreuz bei Cham, das italienische Handelsinstitut (im Frauenstein) in Zug.

c) **Bibliotheken.** Der Kanton als solcher hat keine Bibliothek. Die Privatbibliothek der Familie Zurlauben, welche von ihrem letzten Besitzer auf 8—9000 Bände vermehrt worden — besonders aus dem Fache der Geschichte, wurde leider dem Kantone nicht erhalten. General Zurlauben hatte sie (1795) an das Stift St. Blasien im Schwarzwald verkauft. Nach seinem Ableben (1799) wurde sie von der helvetischen Regierung in Beschlag genommen und vom Stifte gegen Erstattung des Kaufpreises (11,630 fl.) an dieselbe abgetreten (1802). Die ganze Sammlung wurde von Zug nach Aarau gebracht (1803), und nach Auflösung der Helvetik von der Liquidationskommission an die aargauische Regierung abgetreten. Die gegenwärtige Stadtbibliothek von Zug hat ihren Anfang in der hiesigen Pfarrbibliothek, für welche schon der Erbauer der St. Oswaldskirche, Mgr. Eberhard (1478) eine Anzahl geschriebener und gedruckter Bücher anschaffte, welche zum Theil noch vorhanden. Erst 1758 erhielt diese kleine, fast vergessene Büchersammlung einen ansehnlichen Zuwachs durch die Vergabung des Stadtpfarrers Beat Wickart und ward zuerst (1714) in geschlossenen Schränken auf dem Schulhaus aufgestellt, in der Kriegszeit (1798) in das Kapuzinerkloster und (1806) in den Saal des Pfarrhauses übertragen. Seither wurde sie nur schwach vermehrt, bis endlich (1837) durch die einsichtige Thätigkeit mehrerer Bürger, besonders aber des Hrn. Professor K. K. Keiser (z. Z. Seminarregens in Solothurn) ein neuer Aufschwung für dieses nützliche Institut erfolgte. Die Stadtbibliothek wurde von der bisherigen Pfarrbibliothek ausgeschieden und in einem neuen Lokal aufgestellt, wo sie seither bis auf zirka 10,000 Bände vermehrt wurde, theils durch Geschenke an Büchern, theils durch die Jahresbeiträge des Stadtrathes (250 Fr.) und einer Anzahl Abonnenten. Diese Bücher-Sammlung dient nämlich zugleich als Leihbibliothek und enthält nebst Belletristischem, Geschichtlichem ꝛc. auch eine Anzahl Volks- und Jugendschriften. Die Schüler, von der Sekundarschule an aufwärts, beziehen die Bücher gratis. In der Pfarrbibliothek liegen noch zirka 2000 Bände meist theologischen Inhalts, unter welchen eine Anzahl Manuskripte und Inkunabeln einen alterthümlichen Werth haben.

Auch das hiesige Kapuziner-Kloster besitzt eine ansehnliche Bibliothek, wohl die reichhaltigste unter den schweizerischen Klöstern dieses Ordens; sie enthält besonders ältere theologische Werke, unter denen die Kirchenväter in vorzüglicher Auswahl vertreten sind. — In einzelnen Gemeinden fängt man auch an, Jugend- und Volksbibliotheken anzulegen, wie in Baar, Aegeri ꝛc.

d) **Gelehrte und Künstler.** Daß im Kanton Zug viel Sinn für wissenschaftliche Ausbildung herrsche, beweist die verhältnißmäßig große Zahl von Geistlichen, die von jeher in und außer dem Kanton wirkten, während es auch nicht an Aerzten, Juristen und Staatsmännern fehlte. Von Gelehrten und Schriftstellern vergangener Zeit können wir folgende Namen anführen:

1. Magr. Joh. Eberhard, Pfarrer von Zug und Wäggis, Erbauer der St. Oswaldskirche und Verfasser eines Tagebuches über diesen merkwürdigen Bau, sowie einiger anderer Schriften. † 1497.
2. Jak. Nußbaumer, ein um Oberägeri sehr verdienter Pfarrer (1627—1642), nach Stadlin „von heiterm Geist, über Malerei, Poesie und Musik des Lebens Mühen vergessend."
3. P. Severin Schön von Menzingen, Kapitular von Einsiedeln, ein ausgezeichneter Mathematiker als Professor an die Hochschule von Salzburg berufen (zirka 1650).
4. P. Heinrich von Aegeri, Jesuit, Dr. Philos. et Theol., Kanzler der hohen Schule zu Dillingen. † 1682.
5. Franz Brandenberg, Kanonikus in Bischofzell, bekannt durch asketische Schriften, z. B. „Cron des christlichen Jahres." Zug, 1680.
6. Joh. Kasp. Weißenbach, Dichter, z. B. des „Eydgenössisches Contrafeth auf- und abnehmenden Helvetia" u. a. m. † 1678.

7. Kaspar Lang, Pfarrer und Dekan in Frauenfeld, Verfasser des "Histor. theol. Grundriß der christlichen Welt", und anderer Schriften. † 1691.
8. Franz Suter von Cham, Dr. Theol., Pfarrer in Walchwil (1654—1691) asketischer Schriftsteller. Von ihm ist gedruckt: "Job Christianus. 1683." in 4°. "Irdische Goldgrub. 1694." u. A. m.
9. Joh. Jak. Schmid von Baar, Stadtpfarrer in Zug. Verfasser theolog. Schriften, wie Triumphus Marianus. (Einsiedeln 1866.) † 1696.
10. P. Basilius Iten, Abt zu Rheinau (1682), Verfasser mehrerer theolog. Abhandlungen.
11. Jak. Billeter, Pfarrer in Oberägeri (1691—1712), Verfasser einer schätzbaren Chronik seiner Zeit in Msc.
12. Karl Jos. Müller von Zug, Dr. Phil. et Med. 1688, Mitglied der kaiserl. Academia naturæ curiosorum, mit dem Namen Xenophon, Verfasser mehrerer medizinischer Abhandlungen. † 1722.
13. Placidus Zurlauben, Abt von Muri, Verfasser asketischer Schriften, wie "Spiritus duplex humilitatis" 2c. † 1723.
14. P. Beat Muos, Kapitular von Rheinau (1731), Professor der Theologie und der Rechte, Verfasser zweier lateinischer Schriften: "Vindiciæ juris advocatiæ etc."
15. Bernhard Fliegauf, Dr. Theol., Dekan des Kapitels Wyl, Pfarrer in Kirchberg, dann erster Pfarrer in Unter-Aegeri, hat herausgegeben: "Goldene Hauptzier der hl. kathol. Kirche in dem hl. Rosenkranz." St. Gallen. In Msc. ist in 2 Quartbänden von ihm: "Zungenspiel des wahren kathol. Glaubens." † 1743.
16. P. Mich. Widart, Dr. Philos. et Theol., General-Sekretär der Kapuziner, Herausgeber des schönen "Bullarium Ord. Capuc. Romæ 1751 in fol. 6 volum. † 1755 in Zug.
17. J. Kasp. Hildebrand, aus Cham, Prof. der Theologie und Rektor an der Universität Freiburg. † 1772.
18. Jos. Ant. Hausbeer von Cham, Jesuit, Prof. der Philos. und Mathematik in Luzern (1780), später (1785—1816) Pfarrer und Dekan in Wohlen, bekannt durch mehrere im Druck erschienene Predigten, starb als Rektor in Sitten (1819).
19. Fidel Zurlauben, Freiherr v. Thurn und Gestellenburg, General in franz. Diensten, ausgezeichneter Sammler, Verfasser vieler geschichtl. Werke in französischer und lateinischer Sprache, z. B. "Histoire militaire des Suisses au service de la France; Tumultus Tuglensis anno 1729—1735 etc. † 1799.
20. Xaver Brandenberg, Prof. und Präfekt, Gründer des Töchterinstitutes bei Maria-Opferung, Verfasser mehrerer Schulschriften, z. B. Sammlung der nützlichen und nothwendigen Kenntnisse aus der Naturlehre, Naturgeschichte und Landwirthschaft. Zug, 1809. † 1825.
21. Dr. Karl Stablin, Stadtarzt, Verfasser mehrerer historischer Schriften, besonders einer Geschichte des Kantons Zug in 4 Bdn. † 1829.
22. Heinrich Josef Suter von St. Wolfgang, Prof. der Philosophie und

Theologie am Lyceum von Solothurn, Verfasser philosoph. und theolog. Schriften, z. B. „Philosophia theoretica. 8. 3 Tom. Solodori, 1814—1815· Philosophia practica. 8. 3 T. ibid. 1816. Physica recentiss. zvi. 8. 2 T. ibid. 1825. Gott, erkennbar aus den Geschöpfen, aus der Vernunft, Geschichte und Offenbarung. Luzern 1834. † 1860.

Von zuger'schen Künstlern können wir folgende Namen erwähnen:
a) Glasmaler: Thomas Hafner (1602), Adam Bachmann (1611), Jak. Müller († 1629), Paul Müller († 1633), Melch. Müller (1634), Mich. Müller (1650—1685), Karl Franz Kolin (1659), Christoph Brandenberg († 1663), Adam Zumbach (1668), Jak. Widart († 1684), Franz Jos. Müller († 1713), Joh. Bapt. Müller († 1723).
b) Bildhauer: Karl Schell, Mich. Richener (1631), Mich. Müller († 1682), Mich. Widart († 1701), Joh. Bapt. Widart († 1704), Konr. Widart († 1742) ꝛc.
c) Kunstmaler: Kasp. Letter (1670), Heinrich Ludwig Muos († 1721). und Kasp. Wolfgang Muos († 1723), beide Brüder des obgenannten P. Beat Muos in Rheinau und des durch seinen Zug nach Morea und Negroponte bekannten Oberstwachtmeister J. Jak. Muos († 1729.) Ein Sohn desselben, ebenfalls Kunstmaler, Karl Amade Muos († 1775); ferners Johann Brandenberg († 1729). Franz Joseph Menteler († 1833), Johann Kaspar Moos († 1835) und dessen Sohn, Wilhelm Moos († 1847).
d) Kupferstecher: Der obgenannte Heinr. Ludw. Muos gab 1698 eine Landkarte in Kupfer gestochen heraus: von der Eidgenossenschaft und zugewandten Orten; J. Klausner († 1795); Heinrich und Kasp. Störchli von Cham ꝛc.
d) Orgelbauer: Wilh. Ferd. Bossard von Baar (1730—1740), dessen Sohn, Jos. Maria, und Enkel, Franz Jos. Bossard.

Von lebenden Künstlern erwähnen wir die Bildhauer Ludw. Keiser, Prof. am eidg. Polytechnikum, und dessen Bruder Joh. Keiser; Christ. Utinger; ferners den Portraitmaler Jos. Stocker; den Kunstmaler X. Zürcher; die Landschaftmaler Thom. Widart, Georg Spillmann, den Kupferstecher Bär.

e) Wohlthätige Anstalten. Fast jede Gemeinde hat ein Armen- und Waisenhaus zur Versorgung arbeitsunfähiger Personen und armer Waisenkinder, daneben auch wohlthätige Vereine, Armenfonde und Stiftungen zu ähnlichen Zwecken. Die Stadtgemeinde besitzt seit einem Jahrzehnd einen neuen wohl- eingerichteten Spital, verbunden mit einer Pfründenanstalt für ältere Bürger. Das Hauswesen und die Krankenpflege wird von 4—5 barmherzigen Schwestern aus dem Mutterhause von Besançon besorgt. Zu Gunsten kranker Dienstboten und Arbeiter der Stadtgemeinde besteht eine besondere Verordnung. Auch auswärtige Gemeinden schicken häufig ihre Kranken dahin gegen billige Entschädigung.

Wohlthätig wirken auch die kantonale Sparkasse und eine Kredit-Anstalt. Letztere, 1851 gegründet, ist ein Privatunternehmen. Die erstere, schon 1840 von einer Gesellschaft in's Leben gerufen und unter Aufsicht des Staates stehend, hat seit ihrem Bestehen einen Reservefond von 126,605 Fr. zusammengetragen, aus welchem nebst den Verwaltungskosten auch namhafte Beiträge an die öffentlichen Schulen gespendet werden.

1) **Charakter-Bild.** Das Zuger-Volk, von seinen Nachbarn so eng umschlossen, kann, wie in Sprache und Kleidung, so auch in seinem Charakter nicht viel Hervorstechendes haben. Vor den Neunziger Jahren, als noch eine politische Verschiedenheit der Gemeinden bestand, prägte sich auch im Volke ein seiner politischen Stellung analoger Charakter aus. Der Stadtbürger fühlte sich gegenüber den Vogtei-Leuten als Herrscher und Patrizier im Kleinen, der allein auf „eigenem Grund und Boden" stand, so weit das innere Amt sich ausdehnte. Die Unterthanen in den Vogteien waren gewöhnt, sich vor den „gnädigen Herren und Obern" der Stadt gehorsamst zu verneigen. Die Bürger des äußern Amtes waren eifersüchtig auf ihre ebenso alten Freiheiten und Rechte gegenüber der Stadt und verfochten dieselben wiederholt in leidenschaftlichem Kampfe, wodurch auf Jahrhunderte ein treuherziges Zusammenwirken unmöglich wurde. Der fremde Kriegsdienst und der Einfluß des französischen Geldes rief auch heftige Kämpfe zwischen den begünstigten und minder bevorzugten Familien hervor und diese rissen alle Volksschichten in den Strudel einer immer wieder neu erwachenden „Händelsucht" hinein. Die in's Unglaubliche getriebene „Trölerei" um einträgliche Aemter war nicht geeignet, wahren Gemeinsinn und patriotischen Republikanismus zu pflanzen. — Die französische Revolution und in ihrem Gefolge die politische Umgestaltung der Schweiz, so wie des Kantons, blieb auch hier nicht ohne Einfluß auf die Veränderung des Volks-Charakters. Mußte im Einzelnen manches gute Alte fallen, so war doch bei der politischen Gleichstellung der Gemeinden der Ausübung mancher bürgerlichen Tugend ein weiteres Feld geöffnet. Rechnet man dazu die Vortheile einer allgemeinern Volksbildung, mußte sich der Volks-Charakter um Vieles günstiger gestalten; aber dem ist nicht durchgehends so. Ist auch manches Vorurtheil gefallen, manche abergläubische Meinung und manche Rohheit abgeschliffen, so hat sich auch manches Bessere theilweise verloren, das die Alten besaßen: Biedersinn und Treue, Einfachheit und Genügsamkeit, Achtung vor geistlichen und weltlichen Obern, Unterordnung der Dienstboten unter die Herrschaften, der Kinder unter die Eltern u. s. f. Doch Manches bringt die Richtung der Zeit mit sich, was weit über die Grenzen des Kantons Zug sich noch in größerem Maße geltend macht. (Vor 100 Jahren schrieb Conr. Fäsi: „In Ansehung guter Lebensart und Höflichkeit der Sitten verdienen die Bürger der Stadt vor denen aus dem Amte den Vorzug." Seitdem nun die Stadtthore nicht mehr geschlossen werden, konnte sich die „gute Lebensart" auch auf das Land verbreiten.) Im Uebrigen hat der Zuger mit andern Schweizern manchen guten Charakterzug gemein, vor vielen noch voraus. Er ist im Allgemeinen thätig und unternehmend, arbeitsam ohne Uebertreibung, wohlthätig ohne Verschwendung, hat Sinn für Ordnung und Reinlichkeit. Während der Unternehmungsgeist manchen weit über die Grenzen des heimischen Kantons hinaustreibt, gibt es auf dem Lande immer noch einzelne Beispiele von patriarchalischem Zusammenleben mehrerer Geschwister bis in's hohe Alter, ein Umstand, welcher die Zerstückelung der

Güter hindert, und dadurch eine Quelle des Wohlstandes und daher auch der Wohlthätigkeit wird. Eigenthümlich ist dem Zuger von jeher seine Vorliebe für Gesang und Musik. Daher hat jede Pfarrgemeinde nebst einer guten Kirchenorgel auch ein kleines Orchester; nicht selten sind aus solchen sehr tüchtige Musiker hervorgegangen. Mehrere Gemeinden haben auch Harmonie- und Feldmusik-Vereine, Gesangvereine, dazu die Stadt eine größere Musik- und Theatergesellschaft (seit 1809), die oft auf ihrer niedlichen, aber zu engen Bühne dramatische Stücke, sogar Opern mit Beifall aufführt. Das jetzige Theater steht seit 1841; früher (seit 1782) spielte man auf der „alten Metzg", noch früher auf dem Dachboden des Zeughauses ꝛc. Schon seit dem 15. Jahrhundert bis in die neuere Zeit waren Volksschauspiele wie auch gesellschaftliche Spiele — besonders im Freien — bei Jung und Alt beliebt. Jetzt bieten die zahlreichen Wirthschaften tägliche Abendunterhaltung, welche keine Polizeistunde beschränkt. Lebhaftern Wirthshausverkehr veranlassen die Jahrmärkte, die Kirchweihen und Faßnachten. Die zahlreichen „Maskenbälle" in der Faßnacht sind meistens niedern Ranges, Zunft- und Nachbarschaftsbälle zuweilen von besserm Geschmack. Zu den nützlichen Sonntagsvergnügen der männlichen Bevölkerung im Sommer gehören die Schießübungen in Feld und Stand. Jede Gemeinde hat eine Schützen-Gesellschaft, deren einige alljährlich größere Freischießen geben, besonders die von Zug. Von jeher hatte der Kanton gute Schützen. In Menzingen, Baar und andern Gemeinden war im Sommer auch das Armbrustschießen unter den Knaben üblich. („Tätsch" = eine Scheibe von weicher Thonerde, in welche mit stumpfen Pfeilen geschossen wird). Begreiflicher Weise bieten die Schifffahrt auf dem See, dann die Eisenbahn, die Nähe der Kurorte ꝛc. manigfaltige Anlässe zu angenehmen Exkursionen und Spaziergängen. Das Kartenspiel, welches im vorigen Jahrhundert in Stadt und Land oft leidenschaftlich getrieben wurde, beschränkt sich auf immer engere Kreise; das Lotteriespiel ist gesetzlich verboten. Noch findet das Kegelspiel immer seine Liebhaber. Die Spiele der Jugend sind dem Wechsel der Jahreszeiten unterworfen und ungefähr dieselben wie anderwärts. Seit mehreren Jahren ist an den Knabenschulen auch das Turnen eingeführt.

C Der Staat.

Verfassung. Die jetzt bestehende Verfassung des Kantons datirt vom Jahr 1848. Dieselbe umfaßt 128 Paragraphe, aus welchen einige der wesentlichsten Grundzüge hier anzuführen genügen mag:

1. **Allgemeine Bestimmungen.** (§§ 1—37.) Der Kanton Zug ist ein souveräner Freistaat mit repräsentativer Verfassung und als solcher ein Mitglied der schweiz. Eidgenossenschaft. (Er sendet in den eidg. Nationalrath 1, in den Ständerath 2 Vertreter). Die Souveränität beruht auf der Gesammtheit des Volkes, welches dieselbe mittelst seiner stimmfähigen Bürger in den ihm zustehenden Wahlen ausübt. Die katholische Religion ist die des Kantons Zug. — In allen Gemeinden des Kantons soll die Korporationsverwaltung von dem politischen Gemeinde-Haushalt getrennt werden. — Politischer Aktivbürger ist mit Ausnahme

der Geistlichen, jeder Einwohner des Kantons, welcher ein Gemeinds- und das Kantonsbürgerrecht besitzt, das 19. Altersjahr zurückgelegt hat, nicht Fallit, nicht bevogtet ist ꝛc. — Die Ausübung der richterlichen Gewalt ist von derjenigen der vollziehenden sowohl in materieller als personeller Beziehung getrennt. — Die Oeffentlichkeit der Gerichtsverhandlungen, so wie des gesammten Staatshaushaltes ist gewährleistet. — Die Staatskosten werden theils durch indirekte Abgaben und Regalien, theils durch direkte Steuern auf Vermögen, Einkommen und Erwerb gedeckt. Mit Ausnahme des Kirchen-, Pfrund-, Schul- und Armengutes ist sämmtliches Kapitalvermögen steuerpflichtig. — Die Loskäuflichkeit der Zehnten, Grundzinse und Feudallasten nach ihrem wahren Werthe ist garantirt. Jeder Kantonsbürger, wie jeder im Kanton angesessene Schweizerbürger ist nach den Bestimmungen des Gesetzes zu Militärdiensten verpflichtet. Der Staat hat die Oberaufsicht über das Erziehungswesen, — trägt Sorge für den Bau und Unterhalt der Brücken, Land- und Wasserstraßen, — führt die Oberaufsicht über das Vormundschafts- und Armenwesen.

II. **Eintheilung des Kantons.** (§ 38). Der Kanton besteht aus 11 politischen Gemeinden (s. unten). Die Stadt Zug ist der Hauptort des Kantons.

III. **Gesetzgebende Gewalt.** (§§ 39—62). Die Stellvertreter des Volkes aus 67 Mitgliedern bestehend, bilden den Großen Rath. Zu Mitgliedern des Großen Rathes werden 62 unmittelbar durch die Kantonsbürger in Gemeindewahlen und 5 mittelbar vom Großen Rathe, frei aus allen Kantonsbürgern, selbst gewählt. — Die Zahl der von jeder Gemeinde direkt zu wählenden Repräsentanten ist im Verhältnisse der Bevölkerung bestimmt. — Die regelmäßige Amtsdauer aller Mitglieder des Großen Rathes ist 2 Jahre. Die Wahlen finden im ganzen Kanton am ersten Sonntag im Januar statt. — — Der Große Rath ernennt unter Leitung des ältesten Mitgliedes, und nach geschehener Selbstergänzung, seinen Präsidenten und Vizepräsidenten aus seiner Mitte, und zwar auf die regelmäßige Amtsdauer von 2 Jahren. Der Gr. Rath versammelt sich auf den Ruf des Präsidiums ordentlicher Weise 3 Mal des Jahres, außerordentlicher Weise, so oft es der Präsident für nothwendig findet. — — Der Große Rath hat das ausschließliche Recht der Gesetzgebung, — er beschließt die allgemeinen Steuern und Abgaben, — prüft die Staatsrechnung, — erwählt die Gesandtschaften, — ertheilt das Kantonsbürgerrecht ꝛc. — — Derselbe wählt durch geheimes Strutinium: a) aus seiner Mitte den Landammann als Präsident des Regierungsrathes, sowie dessen Statthalter, und die Regierungsräthe aus den Gemeinden, nach dem annähernden Verhältnisse der Bevölkerung; b) in freier Wahl aus der Mitte der Kantonsbürger: 1) in's Obergericht den Präsidenten nebst ordentlichen Mitgliedern und Ersatzmännern, 2) in's Kantonsgericht den Präsidenten nebst ordentlichen Mitgliedern und Ersatzmännern, 3) die obersten Kanzleibehörden, 4) den Landeshauptmann als Chef des Militärwesens, sowie die Kommandanten des Auszüger- und Landwehrbataillons, 5) den Salzfaktor.

IV. **Vollziehende Gewalt.** (§§ 63—87.) Landammann und Regierungsrath bilden die oberste Verwaltungsbehörde des Kantons. Der Regierungsrath besteht nebst dem Landammann und Statthalter aus 9 Mitgliedern. —

Derselbe sorgt für die Vollziehung der Gesetze und erläßt als oberste Polizei-
behörde die nöthigen Verordnungen, — besorgt die Staatsverwaltung in allen
Theilen, — verfügt über das Militär,— hat die Oberaufsicht über das Militärwesen, über das Bau- und Straßenwesen, das Armenwesen, das Sanitätswesen,
das Erziehungswesen ꝛc. Er besorgt alle diplomatischen Geschäfte. — Er wählt
den Kantonal-Verhörrichter, so wie den Staatsanwalt, vergibt alle übrigen
kantonalen Stellen, die nicht ausdrücklich dem Großen Rathe vorbehalten sind.
Der Landammann setzt die von den Gerichten ausgefällten Urtheile in Vollziehung, — bewahrt das Standessiegel, siegelt und unterschreibt nebst dem Landschreiber alle öffentlichen Aktenstücke. Der Regierungsrath ist für alle seine Ver-
richtungen dem Großen Rathe verantwortlich.

V. **Richterliche Gewalt.** (§§ 88—114.)

a) Das **Friedensgericht** wird von jeder Gemeinde bestellt aus einem
Friedensrichter, 2 Beisitzern und 2 Ersatzmännern auf die Dauer von 2 Jahren.
Der Geschäftskreis des Friedensrichters ist näher bestimmt.

b) Das **Kantonsgericht** besteht aus dem Präsidenten und 6 Mitgliedern.
Es hat 6 Ersatzmänner. Es spricht über alle Civilprozesse, die nicht in die
Kompetenz der Friedensgerichte fallen, so wie über alle Polizei- und Injurienfälle.
ab. — Der Präsident bewilligt Rechtsgebote, verordnet Verhaftungen und Arreste.

c) Das **Kriminalgericht** wird durch das vollzählige Kantonsgericht sammt
2 Suppleanten gebildet. — Die Todesstrafe kann nur mit 6 Stimmen, ohne jene
des Präsidenten, ausgesprochen werden.

d) Das **Obergericht**, mit dem Präsidenten aus 9 Mitgliedern bestehend,
entscheidet in seiner Eigenschaft als oberste Appellations-, Revisions- und Kassations-
Behörde in letzter Instanz über alle rekursfähigen und dahin gezogenen Sprüche
des Kantons- und Kriminalgerichtes. — — Dasselbe beaufsichtigt und kontrollirt
die Thätigkeit des Kantons- und Kriminalgerichtes, welche ihm für ihre Verrich-
tungen verantwortlich sind. Bei Anklagen auf Todesstrafe hat das Obergericht
seine 8 Suppleanten beizuziehen. — Bei gemeinen Verbrechen kann ein Todes-
urtheil nur mit 12 Stimmen, bei Staatsverbrechen mit 14 Stimmen ausgesprochen
werden. Bei Kriminalfällen hat Anklage und Vertheidigung statt. — Zur Fällung
eines endgültigen Urtheils muß das Obergericht vollzählig sein.

VI. Der **Erziehungsrath** (§ 115) hat die Aufsicht über die sämmtlichen
Schulanstalten des Kantons, die Förderung der wissenschaftlichen sowohl als der
Volksbildung.

VII. Die **Gemeinderäthe** (§§ 116—122) besorgen die niedere Polizei, die
vormundschaftlichen Sachen. — fertigen Käufe und Täusche über Liegenschaften,
— vollziehen die vom Regierungsrathe erlassenen Beschlüsse und Verordnungen,
— der Gemeindeschreiber hat ein genaues Bürgerbuch seiner Gemeinde zu führen,
— führt bei Raths- und Gemeindsverhandlungen, so wie bei den Friedensge-
richten das Protokoll, unterschreibt mit dem Präsidenten die von da ausgehenden
Akten.

VIII. Die **Befugnisse der verfassungsmäßigen Gemeinden**
sind näher bestimmt. (§§ 123—125.)

IX. Das Kanzlei-Wesen, in § 126 der Verfassung vorgesehen, wurde durch ein neueres Gesetz (24. April 1862) geregelt. Die Kantonskanzlei begreift in sich die Regierungs-, die Hypothekar- und die Gerichtskanzlei. Das dieselbe besorgende Beamtenpersonal besteht aus dem Landschreiber, dem Hypothekarschreiber, dem Gerichtsschreiber und zwei Kanzlisten. Die drei Erstern werden vom Großen Rath, die Kanzlisten vom Regierungsrath auf je 4 Jahre gewählt. Sie haben sich in der Regel von Morgens 8—11 und Nachmittags von 1—6 Uhr in der Schreibstube einzufinden. Der Geschäftskreis ist jedem gesetzlich zugeschieden. — Alle für Kanzleiverrichtungen zu beziehenden Sporteln werden zu Handen des Staates bezogen. — Sämmtliche Kanzleibeamten erhalten eine fixe Besoldung, und zwar: der Landschreiber 2000 Fr.; der Hypothekarschreiber 1700 Fr.; der Gerichtschreiber 1700 Fr.; die Kanzlisten je 1400 Fr. — Dieselben werden bei dem Antritt ihres Amtes beeidiget. — — Die auf den verschiedenen Kanzleien für einzelne Geschäfte zu entrichtenden Sporteln sind fixirt.

Polizeiwesen. Für die öffentliche Sicherheit besteht eine Polizeidirektion, zu deren Verfügung ein Landjäger-Korps von 11 Mann, mit einem Wachtmeister an der Spitze, steht. Die Stadt hält noch einen eigenen Polizeidiener, der dem Stadt-Polizeidirektor zur Verfügung steht. Die Gesundheitspolizei steht unter dem Sanitätsrath, welcher aus 7 Mitgliedern besteht. Derselbe prüft und patentirt Aerzte, Thierärzte ꝛc. Der Etat der Medizinalpersonen betrug zu Ende 1867 im Kanton: 28 Aerzte, 2 Apotheker, 1 Provisor, 17 Thierärzte, 11 Viehinspektoren, 25 Hebammen. Die Feuerpolizei steht unter Oberaufsicht des Regierungsrathes. Gegen Feuerschaden besteht eine Assekuranz, welche sämmtliche Gebäude des Kantons umfaßt. Auswärtige Mobiliar-Assekuranzen werden ebenfalls häufig benutzt. In der schweizerischen Mobiliar-Versicherungsgesellschaft ist laut der neuesten (37.) Hauptrechnung der Kanton Zug mit 10,059,225 Fr. vertreten. Die Gemeinden sind durchgebends mit guten Feuerspritzen und andern Löschapparaten versehen. — An Gefängnißlokalen fehlt es nicht ganz; es sind solche auf dem städtischen Rathhause, auf dem Zeitthurm ꝛc. eingerichtet und von dem Großweibel und Standesläufer besorgt. Der ehemals berüchtigte „Kaibenthurm" ist beseitigt. An einer kantonalen Strafanstalt fehlt es leider noch gänzlich. Die Todesstrafe wird selten mehr angewendet; die schweren Verbrecher werden jetzt meistens in auswärtigen Zuchthäusern untergebracht, ehemals wurden sie gewöhnlich der Heimatgemeinde zur Einsperrung und Bewachung übergeben: eine Maßregel, die öfters das Entweichen des Sträflings leicht machte.

Finanzwesen. Der Haushalt des Kantons Zug war in frühern Zeiten so einfach, daß die Auslagen aus dem Ertrag des Staatsvermögens, des Salzregals, der Post, der Zölle, Weggelder ꝛc. bestritten werden konnten. Die neuere Zeit mit ihren neuen Schöpfungen machte neue Einnahmequellen zur Nothwendigkeit. Die Verfassung von 1848 rief u. A. direkte Steuern in's Leben. Nach einem abgeänderten Gesetze (5. Christmonat 1861) werden die Staatsausgaben gedeckt:

1. Aus dem Ertrag des Staatsvermögens,
2. „ „   „   „ Salzregals,

— 45 —

3. Aus bem Ertrag der Entschädigung für Post, Zölle, Weg- u. Brückengelder,
4. „   „   „   „   Gerichts- und Kanzleisporteln, der Bußen, Militär-
taxen und
5. „   •   „   „   direkten und indirekten Steuern.

Das Salzregal betreffend, belief sich der Salzkonsumo im Jahr 1867 auf 609,413 Pfd. in 879 Fässern. Gegen früher zeigt sich ein allmäliger Rückgang, was auf Salzschmuggel schließen läßt. Die amtlichen Auswäger verkaufen das Pfund zu 9 Cts. Der Reingewinn vom Salzregal belief sich im Jahr 1867 auf 32,376 Fr. Das Salz wurde früher aus Bayern und Würtemberg bezogen, jetzt mit mehr Vortheil aus schweizerischen Salinen, Schweizerhalle, Rheinfelden rc.

Die Staatsrechnung von 1867 weist nun folgende Einnahmen auf, die wir nur summarisch anführen wollen:

1. Zinsen	5,088 Fr.	82 Cts.
2. Ertrag der Regalien . . .	43,437 „	13 „
3. „ „ Steuern und Abgaben .	70,866 „	31 „
4. „ „ Gerichtsgelder . .	3,349 „	33 „
5. „ „ Kanzleigebühren . .	9,341 „	99 „
6. „ „ Bußen und Rechtskosten	2,843 „	36 „
7. Militär-Verwaltung . . .	15,864 „	83 „
8. Naturalisation	1,800 „	— „
9. Unvorgesehenes	1,615 „	60 „
Total der Einnahme:	154,207 „	37 „

Die Steuern und Abgaben waren theils indirekte, als: Konsumo, Wirths-patente, Handelspatente, Jagdpatente, Stempelabgabe, Hundeabgabe; theils direkte und zwar Vermögenssteuer 1 ‰ und Erwerbssteuer.

Die Ausgaben desselben Rechnungsjahres werden ebenfalls in einer detailirten Uebersicht aufgeführt, von denen wir nur wieder die Hauptrubriken anführen, als:

1. Großer Rath . . .	90 Fr.	— Cts.
2. Regierungsrath und Kommissionen	3,175 „	40 „
3. Kanzlei	8,231 „	70 „
4. Ständerath	1,236 „	— „
5. Gerichtskosten . . .	3,715 „	20 „
6. Gerichtliche Beamte . .	1,225 „	75 „
7. Bedienung	822 „	— „
8. Polizeiwesen . . .	11,131 „	85 „
9. Militärwesen . . .	30,134 „	80 „
10. Bau- und Straßenwesen .	37,872 „	19 „
11. Reußwesen	195 „	40 „
12. Kirchenwesen . . .	2,511 „	40 „
13. Erziehungswesen . . .	14,128 „	01 „
14. Sanitätswesen . . .	160 „	60 „
	112,630 Fr.	30 Cts.

Transport	112,630 Fr.	30 Cts.
15. Salzhandlung	500 „	— „
16. Passiv-Zinsen (Eisenbahn-Anlehen)	18,496 „	58 „
17. Ausgaben ohne gemeinsamen Titel	5,000 „	89 „
18. Unvorgesehenes	835 „	70 „
Total der Ausgaben:	139,463 „	47 „
Betrag der Einnahmen:	154,207 „	37 „
Mehreinnahme:	14,743 „	90 „

Der Vermögensbestand betrug am Ende des Jahres 1867
1. Aktiven in 14 Posten die Summe von 291,548 Fr. 24 Cts.
2. Passiven an 2 Kreditoren . . 144,349 „ 31 „

Reines Vermögen am 1. Januar 1868; 147,198 „ 93 „

Kriegswesen. Der Kanton Zug hat in der Geschichte der schweizerischen Kriege manche berühmte Männer aufzuweisen, und in auswärtigen Kriegsdiensten bis auf die neueste Zeit viele sehr tüchtige Offiziere jeden Ranges. Im Innern änderte sich das Militärwesen von Zeit zu Zeit in manigfaltiger Weise. Vor einem Jahrhundert (1757) erschien ein gedrucktes „Reglement vor die Landmiliz des löbl. Standes Zug, worin enthalten: die Austheilung des Volks, der Gewehr, Leder-Zeug und gleichförmige Mundirung, das Exercitium, die Discipline oder Kriegszucht."

Seither brachten die neuen politischen Verfassungen auch neue Kriegs-Reglemente. Seit Anfang des Jahres 1863 ist eine neue Militär-Organisation in Kraft getreten Dieser zufolge wird der Kanton in 11 Militär-Quartiere eingetheilt, entsprechend den 11 politischen Gemeinden. Die Militär-Verwaltung theilen unter sich nach gesetzlichen Bestimmungen: der Regierungsrath als oberste Militärbehörde, die Militär-Kommission, der Landeshauptmann, der Zeughaus-inspektor, das Kantons Kriegskommissariat, die Quartier-Kommandanten.

Jeder Kantons- und im Kanton angesessene Schweizerbürger ist vom angetretenen 20. bis zum zurückgelegten 44. Altersjahr militärpflichtig. Die Stellvertretung für den Militärdienst ist untersagt. Die Dienstpflichtigen zerfallen in 4 Klassen: die Rekruten-, Auszüger-, Reserve- und Landwehr-Klasse. — Von der Dienstpflichtigkeit gibt es Ausnahmen: a) wegen Amt und Beruf; b) wegen Untauglichkeit; c) wegen Unwürdigkeit; d) wegen besonderer Familienverhältnisse. — Von Beurlaubten (zeitweilig Abwesenden) und Untauglichen muß ein bestimmter Diensterjatz an Geld entrichtet werden. — Der Kanton stellt

A. zum Bundes-Auszug:
1. an Mannschaft:
   a) 1 Kompagnie Scharfschützen . . . . . . 100 Mann
   b) ½ Bataillon Infanterie . . . . . 401 „
   (1 Jäger- und 2 Füsilier-Kompagnien)
   c) Parktrain . . . . 14 „
   d) Krankenwärter . . . . 1 „

   516 „

2. an Pferden:
   Reitpferde } 24 Pferde.
   Zugpferde

   B. Zur Bundesreserve:
1. an Mannschaft: 1 Kompagnie Scharfschützen . . 70 Mann
   2 Kompagnien Infanterie . . . 179 „
   Trainmannschaft . . . . 9 „
   Total: 258 „
2. an Pferden: 2 Reitpferde } 14 Pferde.
   12 Zugpferde

   C. Zur Landwehr:
1 Kompagnie Scharfschützen; ½ Bataillon Infanterie; 1 Abtheilung Train.

Sämmtliche nach' eidgenössischen Gesetzen vorgeschriebenen Bewaffnungs- und Ausrüstungsgegenstände (mit Ausnahme der Bewaffnung der Offiziere) werden auf Kosten des Kantons angeschafft und im Zeughaus aufbewahrt. — Zur ordonnanzmäßigen Bekleidung und Equipirung der Mannschaft hält der Kanton ein Magazin, aus welchem die dienstpflichtige Mannschaft die wichtigsten Montirungsstücke zu einem festgesetzten Preise zu beziehen hat.

Das Instruktionspersonal des Kantons besteht aus einem Oberinstruktor, 4—5 Unterinstruktoren, einem Tambour- und Trompeter-Instruktor. — Als periodische Waffenübungen und Unterrichtskurse gelten: der Rekruten-Unterricht und die Wiederholungskurse für Auszug, Reserve und Landwehr. — Weitere Bestimmungen der Militärorganisation betreffen die Strafrechtspflege, die Dienstlöhnung und Verpflegung, die Kontingents-Besammlung.

Justiz-Wesen. Gesetze und Gerichte. In den ältesten Zeiten, als sich verschiedene geistliche und weltliche Grundherrschaften über das heutige Gebiet von Zug verbreiteten, bildete sich in jedem sog. Dinghof über die Verhältnisse des Grundherrn zu seinen Hintersaßen, so wie dieser unter sich ein besonderes Hofrecht aus, z. B. das Hofrecht von Egere. Ueber solche durch Uebung, vielleicht durch Verträge erwachsene Rechte geben uns die sog. Offnungen Aufschluß, d. h. Eröffnungen der in einem Hofe geltenden Rechte und Gewohnheiten von Seite der Hofleute, welche an jedem Jahrgerichte mündlich zu geschehen pflegten und nachher schriftlich aufgezeichnet wurden. Zu den ältesten Offnungen gehört die von Neuheim, die noch auf einer Pergamentrolle im Stadtarchiv Zug vorhanden ist und von der es in einer Urkunde von 1431 heißt, daß sie „vor langen Zyten" aufgezeichnet worden. Aehnlichen Inhalts ist die Offnung von Gangolbschwil (1412). Als nach Errichtung des Schweizerbundes das alte Feudalwesen durch demokratische Einrichtungen verdrängt wurde, bildeten sich nach und nach neue Gewohnheiten und Rechte, welche später in eigene Bücher gesammelt und durch Verkommnisse sanktionirt wurden. So entstand das Stadt- und Amtbuch von 1432, vom Volke auch „Starebant-Buoch" genannt. Dieses Rechtsbuch, das 1566 revidirt wurde und noch 1645 einige Erläuterungen und Zusätze erhielt, hat seine Gültigkeit noch nicht ganz verloren. Es enthält vorab erbrechtliche und friedensrechtliche Bestimmungen, das Strafrecht alter Zeit. — Eine ähnliche Sammlung von rechtlichen Verkommnissen war der sog. „Bärg-Brieff" von 1517, 1586 und 1599, laut welchem die „gmein Bärgleuth bedern Kilchberg, Nüwen vndt Menzingen Jung vnd alte vnd alle, so zu vnser Gmeindt am Bärg gehörend" verschiedene Artikel festietzen über bürgerliche Rechte, Güterkauf, Zugrechte ꝛc. Das spätere Strafrecht Zugs gestaltete sich unter dem Einflusse der „Carolina", d. h. der von Kaiser Karl V. erlassenen „peinlichen Gerichtsordnung", von der in Zug 1744 eine schöne Ausgabe in deutscher und französischer Sprache erschien. Von den Hexenprozessen, welche in allen deutschen Gauen während mehrerer Jahrhunderte unzählige schuldlose Opfer erfaßten, hat auch Zug noch im Jahre 1737 ein bedauerliches Beispiel aufzuweisen. Das peinliche Verfahren, um Verbrecher zum Geständnisse zu bringen, kam seither immer mehr außer Uebung. Die neuere Gesetzgebung hat in dieser und anderer Beziehung manches Bessere geschaffen, z. B. Civilprozeßordnung, privatrechtliches Gesetzbuch, Strafprozeßordnung ꝛc. An einer Vervollständigung der Gesetzessammlung wird von kompetenter Behörde immer noch gearbeitet. — Die verfassungsmäßigen Gerichtsstellen wurden oben angeführt. Ueber deren Bethätigung gibt ein alljährlicher Rechenschaftsbericht erwünschten Aufschluß.

D. Die Kirche.

Um welche Zeit die ersten christlichen Sendboten in unser Ländchen gekommen, ist nicht ermittelt. Seine Lage zwischen Luzern und Zürich läßt annehmen, daß ihm von diesen beiden Orten, besonders von Zürich her, die ersten Strahlen des Christenthums leuchteten. Schon sehr früh wurden der hl. Beat, die hh. Felix und Regula, der hl. Martin ꝛc. verehrt. Gewiß ist, daß unter den Karolingern in Cham (858) und Baar (876) Kirchen standen. Erst 2—3 Jahrhunderte später werden urkundlich auch die Pfarrkirchen von Risch, Zug, Neuheim, Aegeri ꝛc. erwähnt. Die älteste Diözesanverbindung bestand mit Konstanz, dessen bischöflicher Stuhl um die Mitte des 6. Jahrhunderts, nach dem Zerfalle von Vindonissa, errichtet wurde und dem Erzbisthum Mainz unterstellt war. Mit einem großen Theil der östlichen und innern Schweiz blieb Zug in einer Reihe von mehr als 1200 Jahren der konstanzischen Curia untergeordnet. Eine Trennung von diesem Verbande erfolgte durch päpstliches Breve vom 7. Oktober 1814. Mit Neujahr 1815 wurden diese schweizerischen Diözesantheile unter die provisorische Administration des zum apostolischen Vikar ernannten Hrn. Göldli v. Tiefenau, Probsts von Beromünster, gestellt. Nach dessen Ableben (1819) gelangte die fernere provisorische Verwaltung an den Bischof von Chur, Karl Rudolf. Im März 1828 wurde von den Ständen Luzern, Bern, Solothurn und Zug das neu organisirte Bisthum Basel gegründet, an welches sich bald noch mehrere Stände anschlossen. Zur Residenz des neuen Bischofs wurde bekanntlich Solothurn erhoben, an dessen Kathedrale auch Zug durch einen nicht residirenden Domherrn vertreten wird. Ein bischöflicher Kommissar vertritt die Rechte des Bischofs im Kanton gegenüber dem Klerus und der Regierung. Diese handhabt ihrerseits immer noch das hoheitliche Plazet. In frühern Zeiten bestanden in dem heutigen Gebiete von Zug nur 6 Pfarreien, wo jetzt 10 bestehen. Menzingen war pfärrig nach Baar (bis 1480), Unterägeri nach Oberägeri (bis 1714), Walchwil nach St. Michael in Zug (theilweise bis 1804), Steinhausen nach Baar (bis 1610). Die Patronats- oder Kollatur-Rechte über Pfarr- und andere Pfründen übten anfänglich theils geistliche Stifte, welche den Leutpriester (plebanus) an den betreffenden Kirchen setzten, wie die Abtei und später das Chorherrenstift von Zürich in Cham, das Kloster Kappel in Baar und Neuheim, Einsiedeln in Aegeri, theils weltliche Herrschaften, welche den Pfarrer (rector ecclesiæ) dem Bischof präsentirten, wie die Grafen von Lenzburg, Kyburg und Habsburg in Zug, die Herren von Heitenstein in Risch. Diese Kollaturrechte gingen nach und nach an die Gemeinden über, am frühesten in der Stadtgemeinde (1433). Diese behielt solche Rechte auch noch in einigen andern Gemeinden in und außer dem Kanton bis in die neueste Zeit, wie in Meierskappel im Kanton Luzern (bis 1837), in Rüti, Ris. Aargau (bis 1830), welche nun an die dortigen Regierungen übergegangen sind, in Steinhausen (bis 1805), in Niederwil (bis 1842). Noch 1869 besitzt sie die Kollatur der Pfarrei Cham und der dortigen Filialen, St. Andreas und St. Wolfgang. Die Regierung selbst übt keinerlei Kollaturrechte aus. Von Familien-Pfründen sind die beiden Ehren-Kaplaneien St. Karl (Weißenbachen) und St. Konrad im Hof (Zurlauben) seit dem Aussterben der betreffenden Familien an den Stadtrath übergegangen, der sie mit Lehrstellen an der Schule verband. Noch bestehen als Familien-Pfründen die der Keiser in Zug, der Schmiden und Reidbaar in Baar, der Elsener in Menzingen. — Die Weltgeistlichkeit gehörte ehedem zum Rural-Kapitel Zug — Bremgarten, das vor der Reformation auch einige Pfarreien des zürcher'schen Knonauer-Amtes in sich schloß, Affoltern, Knonau, Mettmenstetten, Rifferschwil ꝛc. Risch gehörte zum Sextariat Luzern im Vierwaldstätter-Kapitel. Die ältern Statuten des Zug-Bremgarten-Kapitels datiren vom Jahr 1470. Unter Dekan Oswald Schön (1632) wurden sie erneuert. Im Jahr 1722, unter Dekan C. J. Moos ward das Zuger-Kapitel vom bremgartischen getrennt. Die neuen Statuten sind (1738) unterzeichnet von Wolfgang Wickart, Dechant und Pfarrer in Zug. Dieselben wurden neu gedruckt (1750) und (1845) revidirt. Der Klerus umfaßte zu Anfang des Jahres 1869 zusammen 41 Weltpriester, unter welchen 38 Bepfründete, 3 ohne Pfründe Angestellte; 3—4 Kaplanei-Pfründen waren vakant. In frühern Zeiten gab es eine fast ebenso große Zahl unbepfründeter Geistlichen, während jetzt manche Benefizien aus Mangel an Aspiranten zeitweilig unbesetzt bleiben. Jedoch sind außer dem Kanton immer 20—30 zuger'sche Geistliche angestellt. Die Würdenträger des Kapitels sind: der Dekan, der Kammerer, vier Sextare, der Sekretär und der Pedell. Die Verwaltung der Kirchengüter in den einzelnen Gemeinden besorgt ein sog. Kirchenrath, an den der Kirchmeier oder Pfleger Rechnung stellt. In Zug ist von jeher der Stadtrath die oberste Verwaltungsbehörde auch der Pfrund- und Kirchengüter.

Unter den kirchlichen Bruderschaften, welche in den einzelnen Pfarreien bestehen, nimmt die St. Sebastians-Bruderschaft einen besondern Rang ein, welche (1492) im Kloster Kappel gestiftet, in der Reformationszeit nach Zug verlegt

worden und 30 Pfarrgemeinden in den Kantonen Zug, Aargau und Luzern umfaßt und einen Kapitalfond von zirka 70,000 Fr. besitzt. — Die Ordensgeist-
lichkeit anbetreffend, leisten die P. P. Kapuziner in Zug in und außer der Stadtgemeinde namhafte Aushülfe in der Seelsorge. Es sind in der hiesigen Familie
6—8 Patres mit 2—3 Laienbrüdern, zeitweilig auch eine Schule für eine Anzahl junger Kleriker der schweizerischen Ordensprovinz. Der jeweilige P. Guar-
dian ist auch Beichtiger des Klosters Maria-Opferung in Zug, welches 28
Schwestern vom Orden des hl. Franziskus umfaßt, mit einer Frau Mutter an
der Spitze. Der Konvent steht unter der unmittelbaren Visitation des päpstlichen
Stuhles, welcher dieselbe durch seinen zeitweiligen Geschäftsträger in Luzern
besorgen läßt. Die Verdienste dieses Klosters um die Schule sind oben erwähnt
worden. Demselben Orden gehört das weit jüngere Kloster Maria-Hilf auf
dem Gubel an, dessen 47 Schwestern die ewige Anbetung des hl. Altarssakramentes
zur Hauptaufgabe haben. In der nämlichen Gemeinde (Menzingen) besteht auch
das Lehrschwestern-Institut vom hl. Kreuz, das mit mehr als 100 Lehrerinnen
verschiedene Mädchenschulen, zum Theil auch untere Knabenschulen des In- und
Auslandes versieht. Die Stadtgemeinde hat in ihrem neuen Spital 4—5 barm-
herzige Schwestern vom Orden des hl. Vinzenz von Paula, im Armen- und
Waisenhause 4 theodosische Schwestern. Noch sind zu erwähnen die Schwestern
beim hl. Kreuz in der Gemeinde Cham, welche sich ebenfalls mit weiblicher Er-
ziehung beschäftigen. — Den ersten Rang unter den Klöstern des Kantons, durch
Alter und Güter, nimmt das Kloster Frauenthal ein. Es umfaßt 26 Con-
vent-Frauen mit 12 Convers-Schwestern, sammt einer Abtissin an der Spitze.
Dasselbe steht unter der Visitation des Abtes von Wettingen-Mehrerau, der hier
einen Beichtiger aus seinem Ordenshause bestellt.

Das Volk von Zug hielt von jeher fest an seiner katholischen Religion. Die
Reformation fand zur Zeit hier nur wenige Anhänger; vielmehr kämpften Volk
und Regierung, im Vereine mit den Urkantonen gegen das weitere Umsichgreifen
des Abfalls von der alten Kirche. Als die blutige Eifersucht beiderseits ausge-
tobt hatte, lernten die Zuger gegen ihre andersgläubigen Nachbarn und Miteid-
genossen jene christliche Toleranz üben, welche, ohne indifferent zu sein, doch
Andersgläubige zu achten und die allgemeine Gleichberechtigung der Konfessionen
auch für die Ihrigen zu verwerthen weiß. Die großartigen Fabrik-Etablissements
in Aegeri, Baar ꝛc. machten in den letzten Jahren die Niederlassung reformirter
Familien immer häufiger, so daß bei der letzten Volkszählung im Ganzen schon
über 600 reformirte Personen erschienen. Seit 1863 ist in Baar durch Anstellung
eines Pfarrers und Einrichtung eines eigenen Gottesdienstes auch für die reli-
giösen Bedürfnisse dieser Konfession gesorgt. Seither ward auch ein eigener
Tempel gebaut.

Bereisung des Kantons. Es bedarf nicht vieler Anleitung, unser kleines Land
zu bereisen. Es kann sich hier höchstens um eintägige oder auch nur halbtägige
Exkursionen oder Spaziergänge handeln, wenn man nicht die Grenze des Landes

überschreiten will. Immerhin ist für den Liebhaber der Natur ein mehrtägiger Aufenthalt im Kanton sehr lohnend; seine Bereisung bietet viel Abwechslung. Eine Fahrt per Eisenbahn von Zürich nach Luzern oder umgekehrt gestattet längs dem Nordrande des Zugersee's nur einen flüchtigen Blick auf die anmuthigen Gestade und den großartigen Hintergrund der nähern und fernern Gebirgswelt. Mit mehr Freiheit läßt sich bei heiterm Himmel auf dem Verdecke des Dampfschiffes eine Rundschau über die Lage und Schönheit der verschiedenen Oertlichkeiten halten. In noch ungestörterer Ruhe ist dies möglich auf einer in sanftem Ruderschlag dahingleitenden Barke. Aehnlich einer riesenhaften Pyramide stellt sich von Zug aus in südlicher Richtung der vielbesuchte Rigi dar, unmittelbar aus dem Seespiegel aufsteigend; mehr zurücktretend nach rechts der rauhe Pilatus; zwischen beiden im Hintergrunde erheben sich näher das Stanserhorn, in der Ferne die Schneekuppen des Berner-Oberlandes: Schreckhörner, Eiger, Mönch, Jungfrau :c. Dem Durchreisenden bieten sich nach allen Richtungen gute Straßen und Fahrgelegenheiten dar. Eine Postverbindung geht vom Hauptorte aus über Walchwil nach Arth, eine andere über Allenwinden, Aegeri, Morgarten nach dem Sattel. Von Oberägeri aus führt eine neue Straße über den Raten an die Biberbrücke und ein vielbetretener Fußweg über den St. Jost und den Katzenstrick nach Einsiedeln. Ferners geht von Zug eine Postverbindung über Baar und die Siblbrücke nach Horgen und Wädenschwil. Eine ehemalige Poststraße führt auch über Blidenstorf und den Albis direkt nach Zürich. Eine bequeme Fahrstraße führt von der Stadt aus nach den aussichtreichen Höhen des Zugerberges nach den Kurorten Schönfels und Felsenegg, dem Geißboden, von dort Fuhr- und Fußwege nach der Walchwiler-Allmend, dem Roßberg. Eine gute Fahrstraße führt auch von der Siblbrücke über Neuheim nach Menzingen und Aegeri; eine andere, noch neuere, von Menzingen nach der Finsterseebrücke. Ebenso haben auch die Gemeinden Cham, Hünenberg und Risch neue Straßenanlagen, — um nichts zu sagen von den Fußwegen, welche nach allen Richtungen das Land durchziehen.

III. Theil.

Beschreibung der auf der Karte vorkommenden Orte nach Ordnung der 11 Gemeinden.

1. **Zug.** (Tugium, Zuge, Zug an den Löwern.) Die Gemeinde hat 3854 Einwohner in 534 Wohnhäusern. Die Stadt selbst hat kaum 2000 Einwohner. Sie ist der Hauptort des Kantons, 5 Stunden von Luzern und 5 Stunden von Zürich entfernt, anmuthig an dem von ihr benannten See, am Fuße des Zugerberges gelegen, mit schöner Aussicht auf die südliche Gebirgswelt. In und außer der Stadt zählt man 6 Kirchen und 9 Kapellen. Wir haben hier die alte und

die neue Stadt zu unterscheiden. Die alte erstreckte sich vom See an bis zum sog. Zeitthurm und den Graben, der zum Theil schon in früherer, theils in jüngerer Zeit ausgefüllt wurde, wie auch an die Stelle der alten Ringmauer links und rechts vom Zeitthurm eine Reihe Häuser getreten ist. Die alte Stadt enthielt drei Gassen, die obere, mittlere und untere. Die letztere versank am 6. März 1435 in den See, wobei 60 Menschen das Leben verloren. Dabei ertrank auch Schreiber Wickart, wie uns auf einem alten Gedenkstein am neuen Stadtkanzlei-Gebäude bezeugt wird. Daß zugleich das alte Stadtarchiv versunken sei, findet einige Wahrscheinlichkeit für sich in dem Umstande, daß verhältnißmäßig so wenige Schriften aus den ältesten Zeiten der Stadt Zug vorhanden sind. — In der jetzigen Altstadt, am südlichen Ausgang der Ober- und Untergasse, steht eine alte Kirche, U. L. Frauen-Kapelle genannt, mit einem Thurm, dessen Alter bis in die ältesten Zeiten der Stadt zurückreichen mag. Historisch ist ein Vergleich in Capella de Zuge zwischen dem Abt von Engelberg und den Brüdern Joh. und Peter de Kame anno 1266 wegen des Zehndens zu Hasenberg (Steinhausen); bekannt ist auch, daß hier am 5. August 1280 Abt Petrus I. von Einsiedeln vom Blitze erschlagen wurde. Auf dem Hochaltar steht ein schwarzes Muttergottesbild, welches an das von Einsiedeln erinnert. Auf dem untern Seitenaltar, rechts, stand ehemals ein hölzernes Bild der hl. Agatha, welches in der Reformationszeit aus der Klosterkirche von Kappel nach Zug übertragen worden. Es ist gegenwärtig ersetzt durch eine von Prof. Ludw. Keiser verfertigte Statue der genannten Heiligen. In der untern Gasse befindet sich das alte „Sust"-Gebäude, ehemals ein Stapelplatz von Getreide und Transitgütern. Nach einer Verordnung von 1452 mußten alle Handelsgüter, welche von Horgen über die Sihlbrücke nach Luzern und umgekehrt nach Horgen spedirt wurden, durch die „Sust" in Zug passiren. In der Obergasse, in der Linie der alten Ringmauer, steht das Antenhaus (amtliche Waage des Butters) mit dem Stadtarchiv („Schatz") in feuerfesten Gewölben. Aus den Zeiten vor 1435 finden sich da ungefähr 130 Originalurkunden, welche zum Theil erst bei spätern Verträgen eingebracht wurden. Das Archiv der helvetischen Verwaltungskammer des Kantons Waldstätten (1799—1802) war bis in die neueste Zeit in dem (1705 erbauten) Provisor-Hause aufbewahrt, nun aber entfernt und an die betreffenden Kantone vertheilt worden. Am andern Ende der beiden Gassen, gegen den Graben hin, steht das alte Rathhaus, das ursprünglich das Amthaus des Klosters Kappel gewesen sein soll und seit dem XVI. Jahrhundert sowohl den kantonalen als städtischen Behörden als Sitzungslokal diente. Mit dem laufenden Jahre (1869) hat der Bau eines eigenen Regierungsgebäudes an einer andern Stelle begonnen. Das alte Rathhaus enthält u. A. die große Gemeindestube mit altem, leider verwahrlostem Holzschnitzwerk. Die untern Säle sind mit einigen Stücken zugerischer Künstler geschmückt, z. B. Kolin's Tod bei Arbedo, plastisch dargestellt von Ludwig Keiser, die Büste von Landammann G. Sidler († 1861) u. A. m. Von dem Silberzeug der ehemaligen „gnädigen Herren" der Stadt sind nur mehr wenige Becher übrig, aufbewahrt in der anstoßenden Wohnung des Großweibels. Die alten Glasbilder, welche ehemals die Fenster des Rathhauses zierten, befinden sich jetzt im Zeughaus.

Die neue Stadt, größtentheils im 15. und 16. Jahrhundert erbaut, wurde in der Reformationszeit mit Mauern und Thürmen umgeben, die nun auch allmälig dem Drange der Erweiterung weichen müssen. Hier ragt unter andern Gebäuden die schöne St. Oswaldskirche hervor. Sie ist (96' lang, 70' breit) in gothischem Styl erbaut; der erste Bau, unter Magister Eberhard (1478), war bedeutend kleiner. Die Seitenschiffe wurden erst zu Anfang des 16. Jahrhunderts erbaut. Eine zweite Vergrößerung erfolgte 1544—1558. Die Kirche wurde höher aufgemauert und mit dem jetzigen Gewölbe versehen; der Thurm erhielt ebenfalls eine bedeutende Erhöhung und den schlanten Helm. Das Frontispiz trägt am Giebel die Jahrzahl 1545. In ihrer jetzigen Gestalt bildet die Kirche ein längliches Viereck. In neuerer Zeit wurden im Innern namhafte Verbesserungen vorgenommen. Nachdem (1849—1861) durch Entfernung mehrerer kleiner Seitenaltäre an den Pfeilern des Schiffes, durch Versetzung der Kanzel, neuer Bestuhlung ꝛc., dann durch Errichtung zweier neuer Seitenaltäre neben dem Chorbogen mit Gemälden von P. Deschwanden für Verschönerung der Kirche Vieles gewonnen war, erfolgte im Jahr 1866 eine Haupt-Restauration des Chores und Schiffes. Indem wir auf ein in demselben Jahre (bei Elsener in Zug) erschienenes Erinnerungsblatt verweisen, erwähnen wir nur einige der wissenswerthesten Punkte. Das große Gemälde am Chorbogen, das jüngste Gericht darstellend, ist von P. Deschwanden; die Glasgemälde in den fünf Chorfenstern sind von Röttinger in Zürich; der neue Hochaltar (wohl der vierte seit dem ersten Kirchenbau) von Otto Glänz aus Freiburg im Br. Die beiden mittleren Seiten-Altäre (seit 1862) von Müller in Wyl, der Rosenkranz-Altar ward ein Jahr später in Luzern ausgeführt. Es soll nun nächstens der Altar des linken Seitenschiffes restaurirt werden, wozu der aus dem Beinhause bei St. Michael nun entfernte kunstvolle Heiligenschrein über den Gebeinen der hl. Christina in neuer Fassung verwendet werden soll. Die zugerische Wohlthätigkeit zu frommen Zwecken hat sich hier manch schönes Denkmal gesetzt. Noch erwähnen wir das Gemälde des alten Hochaltars, St. Oswald im Gebete vor der Schlacht, das nun an der Rückwand des ersten Seitenschiffes befestiget ist. Es rührt von einer bisher noch nicht ausgemittelten Meisterhand her; Einige schreiben es Karl Maratti († 1711) zu. Erwähnung verdienen ferners die im Style des ganzen Gebäudes bearbeiteten und nun ebenfalls restaurirten Chorstühle mit der Jahrzahl 1434; der Kirchenschatz in der Sakristei mit mehreren kostbaren silbernen Bildern, Monstranzen, Kelchen ꝛc., das Sakramentshäuschen an der Rückwand des linken Seitenschiffes, aus der Kapelle St. Wolfgang übertragen (1849). Im Innern der Kirche fanden in frühern Zeiten mehrere um den Bau oder die Verschönerung der Kirche verdiente Männer ihre Begräbnißstätte, wie Magister Eberhard († 1491), dessen Epitaph an der linken Seitenwand des Chors (seit 1766, erneuert 1866), Ammann Werner Steiner († 1517), Jak. von Mugern († 1628), Barth. Keiser, Pfarrer in Cham († 1670), Stifter des Tabarnakels bei St. Michael, mehrere vom Geschlechte der Letter und Zurlauben ꝛc. Letzteres um Zug verdiente Geschlecht hat ein Gesammtepitaphium an der Seitenwand gegenüber dem Rosenkranzaltare. Der berühmte Generallieutenant Fidel Zurlauben, der Letzte des Stammes, hatte fein Grab (mit dem noch vorhandenen Denkmal) auf dem anstoßenden kleinen Kirchhofe, der bis 1867 nur noch 3—4 bürgerlichen Geschlechtern zur Grabstätte diente und allmälig ganz eingehen soll. Das dort stehende Beinhaus wurde vor 14 Jahren in eine Maria-Hilf-Kapelle umgestaltet. In der St. Oswaldsgasse auswärts, kommen wir zum Schulhause (gebaut 1714), in welchem sämmtliche unteren und oberen Knabenschulen nebst wissenschaftlichen Sammlungen Platz finden. Diesem gegenüber steht die Kaserne, ursprünglich (1775) ein Schulhaus, dann (bis 1798) ein Kornmagazin, mit dem geräumigen Kasernenplatz, der Turn-anstalt rc. Oberhalb der St. Oswaldskirche erhebt sich die „Burg" mit Ring-mauern und einem uralten Thurm, einst Sitz der habsburgischen Vögte, seit Jahr-hunderten Privateigenthum. Unterhalb der Burg steht das Zurlauben'sche Pfrund-haus mit der Stadtbibliothek. Geht man von da über den Burgbach, hat man rechts vor sich den alten Bürger-Spital, jetzt zu Privatwohnungen vermiethet, links die Rückseite des Gasthofes zum Ochsen, einem der ältesten der Stadt, auf dessen Vorderseite der klassische Ochsen-Brunnen mit dem Standbild Wolfgang Kolins (1541) auf dem „Lindenplatz"; von da aufwärts im Dorfquartier das Zeughaus, das Arsenal des Kantons, mit einer Sammlung alter Waffen, auch Glasgemälden, der blutigen Feldbinde Kolin's bei Arbedo (1422) rc. Im Jahr 1798 hatte der französische General Jordy alles Kriegsgeräth weggenommen: 36 Kanonen, 5 Haubitzen, 909 Flinten sammt aller Munition, Privatgewehren rc. — Hinter dem Zeughaus führt eine gedeckte Stiege zur Kirche und zum Kloster der PP. Kapuziner. Der erste Bau des Klosters datirt vom Jahr 1595, der der jetzigen Kirche vom Jahr 1675; diese ist der hl. Anna geweiht und enthält drei Altäre. Der Hochaltar ist mit einem schönen Gemälde geziert, die Grablegung Christi darstellend, das schon für die ursprüngliche Kapelle von Ammann Zurlauben (1597) angeschafft war, von dem berühmten Belgier Dionys Calvaert († 1619) in Bologna gemalt, dann (1675) durch Kasp. Letter in Zug vergrößert. Die Kirche wurde in neuester Zeit verschönert und die beiden Nebenaltäre mit neuen Gemälden von P. Deschwanden geziert. Der Garten des Klosters lehnt sich gegen die Löbern terrassenförmig an die Ringmauer und einen Thurm (erb. 1525), auf welchem die Zeit-Glocke und Lärm-Kanone zu sehen, auch eine schöne Aussicht zu genießen. Gehen wir vom Zeughaus die Hintergasse hinab, erreichen wir in wenigen Schritten links die sogenannte „Münz", wo Kaspar Weißenbach und seine Nachkommen von 1580—1718 als zugerische Münzmeister gutes Geld verfertigten sowohl in Gold und Silber als in Kupfer. Der ebengenannte Erbauer der Münze († 1639) war Großvater des oben angeführten Dichters Joh. Kasp. Weißenbach, welcher ebenfalls Münzverwalter war und einen Sohn, Hauptmann Karl Kasp., hinterließ, der als der Letzte dieses Hintersassen-Geschlechts (1749) auf seinem Gute zu St. Karl starb. Von der „Münz" auswärts, rechts den Gasthof zum Hirschen, gelangen wir in die St. Antonsgasse, ehemals „Schweinmarkt" genannt, wo 1477 die Gesellschaft der „tollen Welt" das Saupanner aufwarf; daneben die sog. „Geißweid", wo am 19. Hornung 1795 die „große Brunst" ausbrach, die 26 Wohnhäuser einäscherte. Von da in die Neugasse einlenkend, kommen wir zum Baarer-Thor zwischen den Gasthäusern zum „Falken" und „Bellevue", von

hier abwärts zum Theater und neuen Regierungsgebäude. Von da gegen den
See uns zurückwendend, kommen wir auf den „Platz" zwischen den Gasthäusern
zum „Löwen", zur „Krone" und der (1351 gegründeten) Platzmühle, wo ehemals
die Landsgemeinde gehalten wurde, daran schließt sich die Platzwehre mit dem
Landungsplatz der Dampfschiffe, welcher nach einem neuen Bauplane durch einen
Quai in der Richtung der Vorstadt mit dem Bahnhof in nähere Berührung
gebracht werden soll.

Außerhalb der eigentlichen Stadt finden wir noch mehrere interessante Punkte.
Folgen wir der Straße, welche dem See entlang südwärts in der Richtung von
Walchwyl zwischen anmuthigen Landhäusern und Gartenanlagen führt, eröffnet
sich zunächst bei der städtischen Ziegelhütte und der Pension „Seefeld" die Ansicht
des neuen Spitals, der 1855 bis 1857 erbaut, nebst anderer guter Einrichtung
für Kranke und Pfründer auch eine schöne Hauskapelle enthält. Weiterhin
unterhalb der Landgüter im Rost und Friedbach über den Löfflerbach erreichen
wir St. Karl, eine Kapelle (1616 erbaut), von der Familie Weißenbach (1624)
verschönert und (1639) mit einer Kaplanei versehen, mit einem Landhause, dem
einstigen Wohnsitze des aus dem Sechzigerhandel bekannten Ammann Luthiger
(† 1797). Von da führt die Straße über den Stoltzengraben, wo nach
Schodeler zirka 1350 ein Gefecht zwischen den Zugern und Schwyzern vorgefallen
sein soll, nach Oberwil, einem Weiler mit einer Filial-Kirche (St. Nikolaus)
nebst Kaplanei und Schule, in einem fruchtbaren Obstgelände am See gelegen.
Die jetzige Kapelle wurde 1729 erbaut und in neuerer Zeit (1850) renovirt,
mit 2 Gemälden von P. Deschwanden geziert. Zu Oberwil gehören noch mehrere
Bauernhöfe, wie auf der Anhöhe: Gimmenen mit dem Freudenberg und
Hasenbühl, weiter aufwärts an der Straße am See: Trubikon, Otter-
schwyl und Eiolen. Bei diesem Hofe wird ein steinerner Tisch gezeigt, an
welchem 1313 ein Schiedgericht in einem Streite zwischen Zürich und Schwyz
wegen Einsiedeln gehalten wurde. Der Obmann war der kaiserliche Landvogt
Eberhard von Bürglen. Unter den Bürgen oder Geiseln, welche Schwyz stellte,
sind Landammann Werner Stauffacher, Walter Fürst von Uri und 12 andere.
(Urkunde bei Tschudi.) Daselbst wurden am 30. April 1798 von den vorbeiziehenden
Franzosen, auf die aus dem Hause geschossen worden, drei Personen (J. Landtwing
mit zwei Schwestern) getödet. In der Nähe der Eiolen erhebt sich im See eine
kleine Insel, mit einem Kreuz bezeichnet. — Versetzen wir uns nach Zug zurück
und schlagen wir vom Schulhaus aus den ersten Nebenweg links ein, kommen
wir zum Hause „im Frauenstein" genannt, wo seit mehreren Jahren ein italie-
nisches Handelsinstitut eingerichtet ist; weiter liegt der Zurlaubenhof, ein
Landhaus mit schönen Garten-Anlagen, lange der Sitz der freiherrlichen Familie
Zurlauben von Thurn und Gestellenburg, wo der letzte dieses Geschlechtes, der schon
erwähnte General-Lieutenant und Geschichtsforscher F. Zurlauben (1799) starb.
Die dort stehende St. Konrads- und Skapulier-Kapelle ist von Ammann
Konr. Zurlauben (1629) erbaut worden. Anstoßend an diesen Hof und etwas
höher gelegen ist das Gut im Tschuopis (Scuposa) mit einem schönen Landhause,
in welchem in der französischen Revolutionszeit der Herzog Ludwig Philipp von

Orleans, nachmaliger König der Franzosen, sich aufhielt. Auf diesem Gute steht auch eine (1535) dem hl. **Beat** geweihte Kapelle. Vom Tschuopis aufwärts führt eine gute Straße über die **Büßen** und **Guggithal** (gugg in's Thal), **Juchenegg** (Bauerngüter mit vielen schönen Aussichtspunkten zwischen abwechselnden Wiesen-, Wald- und Felsenparthien) auf den **Zugerberg** (Geißboden), welcher vermöge seiner ausgezeichneten Lage und seines milden Klima's, sowie seiner reizenden Aussicht in nicht ferner Zeit dem Berner-Oberlande, dem Rigi und manch anderem renommirten Gebirgsorte Konkurrenz machen dürfte. Dort steht seit ungefähr zwanzig Jahren der Kurort **Felsenegg** mit seinen Dependenzen. Diesem gegenüber hat letztes Jahr eine Aktien-Gesellschaft ein neues Kurhaus gegründet, Namens **Schönfels**. Dasselbe ist im modernsten Style gebaut und blickt freundlich einladend in die weite Niederung hinab. Wer von Arth oder Immensee her auf dem Dampfschiffe Zug zusteuert, wer von Zürich oder Luzern her gefahren, auf dem dortigen Bahnhofe aussteigt, entdeckt bald mit freiem Auge die beiden Kuranstalten am Rande des Zugerberges über waldigen Abhängen — rechts **Felsenegg**, links **Schönfels**. Von Zug aus erreicht man diesen Höhenpunkt zu Fuß, sei es auf der gebahnten Straße oder zur Abwechslung auf Fußwegen in anderthalb Stunden, bequemer und schneller noch zu Wagen, wozu es nicht an passender Gelegenheit fehlt. — Die Eröffnung des Kurhauses Schönfels ist auf den 15. Mai 1869 festgesetzt. Was dasselbe vor vielen ähnlichen Anstalten auszeichnet, sind nebst der herrlichen Aussicht über den nahen Zugersee, die obstreichen Ebenen und Hügelreihen bis nach den fernen Alpenketten im Süden und Norden, vorzüglich die geschmackvollen Anlagen in Wald und Gebüsch, mit bequemen Sitzbänken an klaren Bächen und Teichen, belebt von der Bachforelle und andern Fischen, garnirt von der Flora der Voralpenregion, im östlichen Hintergrunde begränzt von sanften Anhöhen und Aussichtspunkten nach allen Richtungen. Wir verweisen hiebei auf den beiliegenden Situationsplan. — Ladet die äußere Umgebung zu kürzern und weitern Spaziergängen ein, so ist das Innere des Kurhauses mit allem wünschbaren Komfort ausgestattet und die Leitung des Haushaltes einer hierin erprobten Persönlichkeit anvertraut, die es ihrerseits an nichts ermangeln lassen wird, den Besuchern einen kürzern oder längern Aufenthalt angenehm zu machen. Das Kurhaus enthält 100 Zimmer, darunter mehrere geschmackvoll eingerichtete Säale. Den Kurgästen stehen auch Molken, kalte und warme Bäder ec. zu Gebote. Die Preise der Pension sind möglichst billig gestellt. Die Kuranstalten des Zugerberges eignen sich vorzüglich für Schwächezustände des menschlichen Organismus, Blutarmuth, Darniederliegen der Nerventhätigkeit, für chronische Unterleibsleiden, für Nevralgie, Hysterie, Hypochondrie, und ganz vorzüglich für Rekonvaleszenten von typhösen und andern schweren Krankheiten. In einiger Entfernung von Schönfels und Felsenegg ist im Sommer 1868 ein Sandsteinlager entdeckt worden, zu dessen Ausbeutung sich nun wahrscheinlich eine Aktiengesellschaft bilden wird. Dieser Sandstein gehört nach den Versicherungen Gräßli's zu den edelsten Sorten der Schweiz. Verfolgen wir vom Centrum der Stadt aus einen andern Radius gelangen wir in östlicher Richtung in etwa 10 Minuten zur Kirche St. Michael, welche die eigentliche Pfarrkirche der Stadtgemeinde und eines Theils des zu Baar gehörenden Berges ist, ehemals auch die Mutterkirche von Walchwyl. Sie wurde 1457 nach dem Brande einer ältern Kirche aufgebaut, 1469 geweiht, bietet im Innern wenig Interessantes dar, außer dem Tabernakel von Schildkrötenschale, der 1667 von Franz Schumacher aus Baar verfertiget und 1776 aus der St. Oswaldskirche übertragen worden, einem Altargemälde von Johann Brandenberg, einigen werthvollen Gegenständen des Kirchenschatzes. In der Kirche sind mehrere Pfarrherren der neuern Zeit bestattet, deren Portraits an den Seitenwänden hängen. Von diesen sind die drei letzten: Konrad Bossard († 1830), Jakob Bossard († 1856) und Georg Bossard († 1863), wie auch Landammann Konrad Bossord († 1859). Der Kirchthurm ist 1521 gebaut. Von den vier Glocken ist die kleinste aus einem ältern Geläute übertragen, sie trägt die Jahrzahl MCCCCXI, die größte ward gegossen 1619, die beiden mittleren 1728. Der Kirchhof ist in neuerer Zeit erweitert und zweckmäßiger eingetheilt worden. Es finden sich da mehrere schöne Grabdenkmale von zuger'schen Künstlern. Die Gräber sind, wie allenthalben im Kanton Zug, mit Blumen geschmückt. Die Beinhauskapelle (1513 der hl. Anna geweiht), ein sehr einfacher Bau, hat seine interessanten Eigenthümlichkeiten. Die Nordseite öffnet sich in zwei neben einander liegenden größern Spitzbogen, die durch einen Pfeiler getragen werden, gegen den Kirchhof. Die Bogen dienen als offene Eingänge. Nach vornen schließt sich der Bau in drei Seiten des Achtecks ab; in deren zweien sind Fenster angebracht. Der vordere Raum war früher durch ein hölzernes Gitter abgeschlossen und diente, wie der hintere, als Begräbnißstätte der Geistlichen. In dem letztern war der sog. Todtenkraten, ein großes Gestell mit aufgeschichteten Gebeinen, um welches auch an den Wänden einzelne mit Namen bezeichnete Schädel aufgestellt waren. Auf einer steinernen Säule, früher an der Seitenwand, jetzt zwischen den Eingängen brennt das ewige Licht. Interessant ist die Holzdecke, 1516 durch Hans Winkler erstellt; über alle Friese ziehen sich Spruchbänder mit Text, der sich theils auf die hl. Patrone der Pfarrkirche, theils auf den Tod bezieht. Bilder und Spruchbänder sammt Text sind höchst einfach in das Holz geschnitten. Diese Holzdecke sammt der ganzen Kapelle wurde 1868 restaurirt unter der Leitung des Herrn Architekt Suter durch Maler Mackert, beide in Luzern. Der spät-gothische Flügelaltar wurde entfernt, um später für die St. Oswaldskirche restaurirt zu werden. Der gemauerte Altar jedoch blieb und wurde anständig bemalt, statt des hintern Aufbaues ein großes altes Kruzifix angebracht. Nach Entfernung des Gitters, des Kratens 2c. bildet das Beinhaus nun eine helle, geräumige Kapelle, welche dem Kirchhofe zur Zierde dient. (Cf. Kathol. Schweizerbl. X. Jahrg. S. 161 flg.) Zunächst der Pfarrkirche in nördlicher Richtung steht das Frauenkloster Maria-Opferung, dessen Ursprung bis in's XIV. Jahrhundert reicht. Das gegenwärtige Klostergebäude steht seit 1608, die kleine Kirche seit 1626, das schöne neue Schulhaus seit 1862. Das in neuester Zeit restaurirte Kirchlein enthält u. A. drei Altargemälde von P. Deschwanden. — Verfolgt man neben den Oekonomie-Gebäuden des Klosters vorbei den Fußweg aufwärts, gelangt man auf die Rägeten (Klosterfrauen=Weid), wo ein steinernes Kreuz steht; daselbst wurde am 13. Mai 1733 von Ammann Schumacher eine außerordentliche Landsgemeinde gehalten. Von da führt der Weg über den Bach, der vom Blasenberg her dem sogenannten Bohl zueilt, zur Kapelle St. Verena. Diese ist geräumig in Kreuzform mit hoher Kuppel und drei Altären versehen. Nachdem eine ältere kleinere Kapelle zerfallen, war die jetzige (1704—1710) erbaut und nach dem Brande von 1731 reparirt. Nebenan steht eine Eremiten=Wohnung (seit 1736). Von da führt der Weg aufwärts über den Kaminstall, eine bisher mit Buchen beschattete steile Anhöhe, welche beim Steeren endet, wo der Weg nach dem Vorder= und Hinter= Grüth auseinandergeht, einer Reihe von Bauernhöfen, deren die vorderen vom Steeren an zur Gemeinde Baar gehören. Gehen wir von Zug aus durch das sog. Löwern=Thor (1869 abgebrochen), so kommen wir zur Stelle, die für denkwürdig gehalten wird wegen der „Mordnacht auf der Löwern, 9. Herbstmonat 1275", eine Bezeichnung, die historisch richtiger lauten dürfte: „Mordnacht zu Zug an der Löwern 1293." — Rechts führt durch einen Durchbruch der ehemaligen Ringmauer eine schöne neue Straße über den Gutsch und die zu Baar gehörenden Höfe Thalacker, Inlenberg u. s. f. nach Allenwinden und Aegeri. Die alte Straße führt durch die Nachbarschaft Lüssi, bei der Loreto=Kapelle (gebaut 1705) vorbei nach Baar, ein Seitenweg links nach dem Laurieb, wo eine Leinwand= bleiche, das neue Pulvermagazin 2c. zu sehen. — Die neue Straße nach Baar beginnt auf dem geräumigen Postplatz, wo das Post= und Telegraphenbüreau, in der Nähe des Landtwing'schen=Fidei=Kommiß=Gutes, führt neben dem neuen Eisenbahnhofe vorbei in gerader Richtung über die fruchtbare Ebene der Zuger= Allmend (Gottesgöbli) und des Baarerbodens. Die Eisenbahn selbst durchschneidet das hintere Gelände der Vorstadt, führt über den Aa=Bach, den Sieb=Bach, die Landstraße, den Letzi=Bach, die Lorze, den Sumpf u. s. f. An der Straße nach Cham finden wir u. A. das bürgerliche Schützenhaus mit der St. Nikolaus= Kapelle (geweiht 1496), dann das bürgerliche Waisen= und Armenhaus (das letztere 1813 an der Stelle des alten „Siechenhauses" erbaut), die Schutzengel= Kapelle (1644 erbaut, in neuerer Zeit verschönert, u. A. durch ein Gemälde von P. Deschwanden), hinter welcher sich früher die Richtstätte erhob; weiter hinaus der Badeplatz am See und der Exerzierplatz oberhalb der Straße, endlich bei der Kohler=Mühle die mechanische Baumwollen=Weberei mit Nebengebäuden an der Lorze. Noch ist für das Jahr 1869 der Platz des eidgenössischen Frei= schießens zu bemerken. Derselbe befindet sich auf einer großen Wiese hinter dem Bahnhofe gegen Baar. Wir verweisen auf den beiliegenden Situa= tionsplan.

2. Ober=Aegeri. (Aqua regia, Agregia, Agareia, Agrey, Egere.) Die Gemeinde mit 1885 Einwohnern und 245 Wohnhäusern, erstreckt sich vom nördlichen und östlichen Ende des Aegeri=Thales und See's weit über den Raten und St. Jost hinaus bis an die Biber im Thale von Rothenthurm. Der gleichnamige Hauptort, auch Dorf=Aegeri genannt, ist der älteste Ort dieses Thales, dessen Einwohner von Ebel ein „hochgestaltetes, frisches und treuherziges Bergvolk" genannt werden; er liegt 2252' über dem Meere. Das Stift Einsiedeln hatte hier, wie im ganzen

Aegeri-Thale, viele Grundherrlichkeiten, die zum Hofe Rüheim gehörten. Schon Graf Chuono von Lenzburg († 960) vergabte dem Stift den Ort „Aqua regia" mit einer sehr guten Fischerei, dessen Gattin Luitgardis ebendort ein Gut und der junge Graf Amazo Alles, was er in der Markung dieses Weilers (villa) hatte. Vogtei-Rechte und besonders die hohen Gerichte, besaß die österreichische Herrschaft, einige Grundherrlichkeiten auch die Abtei Zürich. Das Stift Einsiedeln setzte hier den Leutpriester („Plebanus in Agrey"), bis allmälig das Kollatur-Recht von der Gemeinde ausgeübt wurde und dem Abte nur noch das Bestätigungs- recht blieb (1608). Die ursprüngliche Pfaarkirche (1226 den hh. Aposteln Petrus und Paulus geweiht) wurde in verschiedenen Zeiten vergrößert und verschönert. Von den fabelhaften Reliquien, welche früher auf einer Tafel in der Kirche verzeichnet waren, ist nichts mehr vorhanden. Leider sind in neuerer Zeit auch andere Antiquitäten, namentlich Glasgemälde, abhanden gekommen. Noch befindet sich in einer Nische des Kirchturms das Archiv der drei alten Gemeinden (Aegeri, am Berg und Baar), dessen dreifacher Verschluß bisher nur in Beisein von Abgeordneten der drei Gemeinden geöffnet werden konnte, was eben darum nur selten geschah. Im Pfarrarchiv liegt u. A. die Chronik des Pfarrers Jak. Billeter (s. oben). Das Dorf hat mehrere stattliche Gebäude. Alljährlich im Mai und Oktober wird hier großer Jahrmarkt gehalten. — Eine halbe Stunde am See hin aufwärts steht die Filialkapelle St. Veit bei Haselmatt am Hauptsee mit einer Kaplanei und Schule. Von da beginnt die Anhöhe gegen den Morgarten und den „Mattligutsch", wo am 15. Nov. 1315 die erste Freiheitsschlacht der Schweizer geschlagen wurde. Ueber Anlaß und Verlauf der Schlacht berichtet die allgemeine Schweizergeschichte; über die Oertlichkeit des eigentlichen Kampfes wurden von Geschichtschreibern verschiedene Hypothesen aufgestellt. Vergl. Dr Stäblin, III. Band, S. 51—68; schweiz. Geschichtsforscher II. Band, S. 364—377; Orts- bestimmung des Schlachtfeldes von Christ. Iten, Arzt († 1853); Geschichtsblätter aus der Schweiz, II. Bd., Bemerkungen über die Gegend am Morgarten, S. 121 —126; Gedächtnißfeier der Freiheitsschlacht am Morgarten v. 18. Okt. Histor. Bericht rc. Schwyz 1863; Die Kämpfe am Morgarten in den Jahren 1315 und 1793. rc. — Am 2. Mai 1798 schlug fast auf derselben Stelle die schwyzerische Landwehr mit zugerischen Ueberläufern, unter Anführung Alois Redings, die Franzosen unter General Schauenburg zurück. — Den Morgarten und den an- stoßenden St. Jostenberg besetzten österreichische Truppen am 17. Juni 1799 und fochten hier im folgenden Juli mit den Franzosen, welche hierauf die Höhen besetzten. St. Jost, eine Kapelle (schon 1350; — erneuert 1653 und 1701) mit einer Waldbruderei auf der Alpenhöhe (3350' ü. M.) ehemals „Waldschlag" genannt, über die von Ober-Aegeri aus, den Bettenbüel, Groob und Oberschwändi vorbei, ein vielbetretener Fußweg auf die Altmatt und nach Einsiedeln führt. Ein anderer Fußweg führt über Alosen, Brämened und den Raten, den Bibersteg u. s. f. nach dem gleichen Ziele. — Außer Haselmatt reihen sich ver- schiedene Häusergruppen und einzelne Höfe um das östliche und südliche Ufer des See's als Sulzmatt, Oberried, Teuffebi, im Winkel, Cierhals, am Gallusbach (Brestenberg und Bietenberg), Schönenfurth, Haßlern, Tschuppeln, Balmli, Furbach, Neselen, Kellermatt, Naas rc.

3. **Unter-Aegeri** (auch Wil-Aegeri). Die Gemeinde zählt 2423 Einwohner in 285 Wohnhäusern. Sie bildete früher (bis 1814) mit Ober-Aegeri eine politische Gemeinde und (bis 1725) auch denselben Pfarrsprengel, aber seit undenklichen Zeiten eine eigene Korporation. Das Thal war ehedem in vier Rotten eingetheilt: Dorf-, Wyl-, Mittelsdorf- und Hauptsee-Rott. Das Dorf Unter-Aegeri liegt ½ Stunde nordwestlich von Ober-Aegeri, am nördlichen Ende des See's, wo demselben die Lorze entströmt, zum Theil auf Sumpfboden. Die Bevölkerung hat in neuester Zeit, in Folge des aufblühenden Fabrikwesens, stark zugenommen, obgleich vor zirka 10—20 Jahren einige hundert Personen nach Amerika answanderten. Sehenswerth ist, nebst den mechanischen Baumwoll-Spinnereien und Webereien an der Lorze außerhalb des Dorfes und weiter abwärts bei Neuägeri und dem neuen Schulhause, besonders die neue, in gothischem Style erbaute Pfarrkirche (den 14. Oktober 1860 zu Ehren der hl. Familie geweiht). Die alte, noch stehende Pfarrkirche (zu St. Anna) nebst Pfarrhaus ist das Werk des um Unter-Aegeri hochverdienten ersten Pfarrers Dr. Bernh. Fliegauf († 1743). Die Gemeinds-Bürger-Korporation besitzt, wie die von Ober-Aegeri ausgedehnte Allmendgüter, welche bei zweckmäßiger Vertheilung durch bessere Kultur weit ergiebiger als ehemals geworden sind. In Betreff Nutznießung 2c. besteht eine sog. Summ-Verordnung. Die Gemeinde hat nebst den öffentlichen Primarschulen auch eine Sekundarschule und Fabrikschulen. Bei der innern Fabrik besteht auch ein Telegraphenbüreau. Eine mit den Fabriken in Verbindung stehende „Erziehungs- und Arbeits-Anstalt am Gubel" ist nach achtjährigem Bestande (1855—1864) wieder eingegangen. Eine neue Straße führt dem See entlang nach Ober-Aegeri. An der alten Straße gegen Mittelsdorf steht eine alte, in neuerer Zeit restaurirte Kapelle (zu Ehren der hl. Dreifaltigkeit) mit zwei Gemälden von W. Moos, daneben eine Waldbruder-Wohnung. An dieser Stelle betete in der Nacht des 23. Weinmonats 1531 jene muthige Schaar, welche unter Anführung Christian Ithen's über Erliberg, Hängrüti, Schneit (in Ober-Aegeri) zum Streite auf den Gubel zog. Nach dieser Berghöhe führt auch ein Fußweg über Hinterwyden (Unter-Aegeri). Westwärts vom See liegen mehrere ansehnliche Bauernhöfe, wie Zittenbuch am Wege nach der Walchwiler-Allmend, Bogenmatt, Enermatt, Buchen, Rogeneu 2c. im Seitenthal des Huribach, der vom Roßberg kommt.

4. **Menzingen** (Meinzingen, vielleicht Mentzenheim, wo zirka 1060 Graf Ulrich von Kyburg dem Kloster Einsiedeln Güter (huobas) vergabte, eine Berggemeinde mit 2285 Einwohnern in 267 Wohnhäusern, war in alten Zeiten pfarrgenössig nach Baar, hat in dem Dorfe gleichen Namens eine geräumige Pfarrkirche (1477 dem hl. Johann Baptist geweiht). Der in jüngster Zeit renovirte Hochaltar enthält ein Gemälde (Taufe Jesu am Jordan) von Seraphin Schön, Franziskaner-Bruder, († 1644.) Neuere Gemälde sind von X. Zürcher. Auf einem Seiten-Altare ruhen die Gebeine des hl. Martyrers Klemens, von Rom übertragen 1675. Im Dorf findet sich unter andern stattlichen Gebäuden das Rathhaus (1611 erbaut), das neue Schulhaus (seit 1835), das Mutterhaus der Lehrschwestern 2c. Hinter dem Dorfe erhebt sich der sog. Neubausberg mit den Linden, wo eine weite Aussicht. Außer dem Dorfe bestehen vier größere Kapellen und eben so

viele Weiler nebst vielen zerstreuten Höfen, die zum Theil sehr alte Namen haben.
Um eine Rundreise in der Gemeinde anzustellen, gehen wir vom Dorfe Menzingen
in südlicher Richtung abwärts, lassen rechts die Bachmühle, Hasenthal und
Sitli liegen, steigen aufwärts zum Hofe Bumbach (Buwenbach,[Buobach nicht „"
und zur schönen Hochebene Bumbachmatt, gelangen über das Bolzli und
Schwanden auf die klassische Höhe des Gubel, wo der bekannte nächtliche Ueberfall
der Katholischen auf das Lager der Reformirten (14. Okt. 1531) stattfand und
mit einer großen Niederlage der Letzteren endete; über 800 büßten das Leben
ein und manche wurden gefangen. Sie verloren 5 Fahnen, 11 Feldstücke, Geld
und andere Vorräthe. Zum Andenken an diese „Schlacht" wurde dort (1556)
eine Kapelle, „Maria-Hilf" genannt, errichtet, welche nach einem Brande (1780)
neu aufgebaut wurde. Sie hat drei Altäre; das Plafond-Gemälde stellt den genannten Ueberfall dar, enthält aber Verschiedenes, das auf die Zeiten nicht paßt.
Die Schlachtfeier wird hier alljährlich am St. Severinstage (23. Oktober) mit
Kreuzgängen der benachbarten Gemeinden gehalten. Anno 1831 war daselbst eine
große Säkularfeier. An die Kapelle ward, wie schon vor dem Brande, eine
Waldbruderwohnung erbaut, die gegenwärtig von einem Kaplan bewohnt ist.
Für Wallfahrer und andere Reisende steht zunächst unter der Kapelle seit längerer
Zeit ein Wirthshaus. Seit 1846 ist mit der Kapelle ein Frauenkloster in Verbindung, dessen Bewohnerinnen neben ihren Gebetsverrichtungen sich mit Landwirthschaft und andern Handarbeiten beschäftigen. — Ringsum genießt man eine
herrliche Fernsicht. In der Nähe liegt, außer den schon genannten Höfen, etwas
tiefer, Schurtannen, eine Gruppe von Bauernhäusern am Fußwege, der von Menzingen über Fürschwand und Schneit nach Aegeri führt. Vom Gubel aus in entgegengesetzter Richtung gelangen wir über Brämen abwärts nach Eiterstalben,
Kohlenrain, Geburtsort des Abts von Wettingen, Benedikt Staub († 1672),
und auf der Landstraße, die von Aegeri gegen Menzingen und Neuheim ꝛc. führt,
zurück durch das Bethlehem, wovon ein Theil ehemals Adelmatschwil
(Adelmundeswile) hieß und wozu die Höfe Nußli (Nasslohen), Kripfeli, und
Fürholz gehörten und dann etwas seitwärts links nach Schönbrunnen. Daselbst steht
eine der ältesten Kapellen der Umgegend, dem hl. Apostel Bartholomäus geweiht,
1455 rekonsekrirt, im Kappeler-Kriege (1531) sehr beschädiget und dann wieder
hergestellt. Auch hier besteht die Sage von einem ehemaligen Frauen-Kloster;
wahrscheinlich war da, wie an so vielen andern Orten, im 13. und 14. Jahrhundert
der Aufenthalt einiger Beguinenschwestern. — In der Nähe: Bad Schönbrunn,
Pension und Wasserheilanstalt, (Eisenbahnstation Zug), mit einem Telegraphen-
Büreau, liegt zirka 900' über dem Zugersee, in einem von Nordosten geschützten
freundlichen Gebirgsthale. Schönbrunn erfreut sich einer schönen Aussicht über
die Landschaften Zug, Aargau und Zürich, umkränzt von dem Roßberg, dem
Rigi, der Jura- und Albiskette. Seine Umgebungen sind reich an den schönsten
und manigfaltigsten Spazierwegen, der nahe gelegene Menzigerberg und der Gubel
bieten auf ihren Höhen die anziehendsten Standpunkte. Die Anstalt selbst ist
von zierlichen Anlagen und Schattenplätzen umgeben. Zur Anwendung kommen
daselbst: Die Wasser-Kur, nach der neuesten, bewährtesten Methode, wozu

ein äußerst reines und kaltes Quellwasser und vortheilhafte Einrichtungen zu Gebote stehen. Die Molken-Kur, wozu zwei nahe gelegene Sennereien disponibel sind. Warme und Dampf-Bäder. Sämmtliche Kuren werden von Dr. Hegglin, Sanitätsrath, geleitet. Schönbrunn empfiehlt sich ferner als Aufenthaltsort für Solche, die ohne eine bestimmte Kur zu machen, Erholung, Ruhe und Stärkung finden. Prospektus und nähere Auskunft ertheilt der Eigenthümer, Dr. Hegglin. — Die Fahrstraße nach Menzingen führt über Edlibach, einen Weiler mit einer Mühle, von welchem die zürcherische Familie Edlibach ihren Namen herleitet. Hans Edlibach, genannt Schuchzer von Hinterburg, urkundet als Ammann des Gotteshauses Einsiedeln in einem Kaufvertrag von 1426. Nach Dr. Stablin lebte schon 1238 ein Heinrich Edlibach zu Hinterburg. Ein anderer Heinrich, genannt Schuchzer, wurde Burger zu Zürich (1404) und starb zu Neuheim. Nebst der Hauptstraße nach Menzingen und Aegeri führt von Schönbrunnen ein Fußweg über Nibsuren und die Lorze nach dem Geräth, ein anderer in mehr nördlicher Richtung abwärts nach dem Lorzentobel, ein dritter aufwärts über Wulflingen, Hündlithal und Kuonz nach Lüthartingen einer Häusergruppe mit Bauernhöfen, die schon im österreichischen Urbar vorkommt. Von da rechts oben, am Wege nach Menzingen, ist das sog. Bueltli, Landgut des Landammann Hegglin († 1861), links unten das Ostein, ein Bauerngut an der Grenze gegen Neuheim. Durch grüne Wiesen und Aecker führt von Lüthartingen ein Nebenweg nach dem Bannholz und Aegelsee, der jetzt ein Torfmoor, bekannt durch alte Sagen, von da durch die Kälen, eine Waldpartie, hinter dem Lindenberg vorbei nach dem Stalden, einer Häusergruppe mit einer 1601 erbauten und 1860 renovirten Kapelle zum hl. Wendelin, dem Patron der Hirten. Vom Dorfe Menzingen gelangt man hieher über Holzhäusern in zirka 10 Minuten. Von da übersieht man ein anmuthiges kleines Thal, Zuben und Brätigen, mehrere große Bauernhöfe, die schon in sehr alter Zeit bewohnt waren; ebenso weiter abwärts Winzwylen, Schwelle, Schwand, weiter aufwärts an der neuen Straße von Menzingen nach Hütten (im Kanton Zürich) die Höfe im Harget, Ehrienmoos, in Wylen am Wyler-See, in Halt, wo eine Sägemühle, rechts oben Finsterfee, ein Weiler mit neugegründeter Filiale, Kaplanei und Schule. Die neue Kapelle wurde 1868 geweiht. Daselbst war eine Grundbesitzung, welche von Freiherrn von Rüschlikon an das Stift Engelberg geschenkt, nachher (1222) an Kappel und 1239 an Einsiedeln überging. Unterhalb Finsterfee an der Straße ist der Bostabel, eine Mühle, früher ein Bad (Borstabel), noch östlicher die Güter im Sparren, aufwärts Greith mit den nun eingegangenen Steinkohlengruben, noch höher Gottschallenberg (Gotscholenberg), Knollen, Mangeli (nicht Wangeli, wie es auf der Karte heißt), nicht weit davon die Steinflub mit herrlicher Aussicht, Blad (nicht Blachen), Gibel, Meierei (nicht Maienrain), im G'schwend, von dem das alte zürcherische Geschlecht „Schwend" den Namen haben soll; näher bei Menzingen der Kurort Schwandegg, früher ein Jagdschloß der Edeln von Wädenschwil, 1742 abgebrannt.

5. **Neuheim,** (Nühein, auch Nüwen) mit 688 Einwohnern in 93 Wohnhäusern

bildete ehedem mit Menzingen eine von den drei alten Gemeinden des äußern
Amtes, wurde durch die Verfassung von 1848 von Menzingen getrennt und als
die 11. Gemeinde bezeichnet, obgleich es vermöge seiner geschichtlichen Entwicklung
und nach dem Beispiele anderer politischen Trennungen unmittelbar auf Menzingen
folgen sollte. Die Pfarrei Neuheim ist sehr alt, kommt urkundlich schon 1173
vor. Die jetzige Kirche steht nicht „einsam", wie einige Topographen berichten,
sie ist 1663 erbaut und 1666 geweiht unter der Patronatschaft der göttlichen
Mutter, von welcher ein uraltes hölzernes Bild dort in Verehrung stand, das in
neuester Zeit vom Hochaltar entfernt und neu gefaßt in die Nische des linken
Seiten-Altares versetzt wurde. Auch sind die Gebeine des heiligen Martyrers
Bonifazius in Verehrung, die 1681 von Rom hieher übertragen worden. Das
Innere der Kirche mit vier Altären ist angemessen renovirt. Leider sind auch
hier die alten Glasgemälde an den Chorfenstern und im „Beinhaus" vor zirka
40 Jahren abhanden gekommen (!?). Die Plafond-Gemälde sind von J. Kasp.
Moos, zwei neuere Altargemälde von X. Zürcher. Von den vier Glocken ist die
kleinste ohne Jahreszahl, die zweitgrößte trägt die Zahl 1578; die beiden andern
wurden 1755 und zwar von den zugerischen Meistern Peter Ludwig und Anton
Keiser gegossen. Das Dorf, das nun auch einen eigenen Jahrmarkt im September
hat, ist von mehreren Hügeln umkränzt, auf welchen man eine herrliche Rundschau
genießt. Eine Viertelstunde vom Dorfe südwärts liegt Hinderburg, ein Weiler
mit einer Mühle (1540 erbaut) und mehreren Bauernhöfen. Da steht ein sehr
altes hölzernes Haus, mit der nun verschwundenen Jahrzahl 1420, an der Wasserscheide zwischen dem Lorzen- und Siblgebiet, der „Spitel" genannt, nach Zurlauben das ehemalige Amtshaus des Stiftes St. Blasien, dessen „Dinghof"
sich über alle Güter, Rechte und Leute dies- und jenseits der Sibl und bis über
Aegeri erstreckte. — Daselbst hatte schon (1259) die Gräfin Helwig, Mutter des
König Rudolf von Habsburg, Grundherrlichkeiten; ebenso die Edeln von Hünoberg, welche ihre Rechte daselbst (1431) an die dortigen Hofleute verkauften, die
dann ihre Richter selbst wählten. Die Nachbarschaft war bis 1515 pfarrgenößig
nach Baar. Von einer Burg (Stampfenbach?) auf einem der aussichtsreichen
Hügel, welche sich auf zwei Seiten um die fruchtbare kleine Hochebene gruppiren,
ist keine Spur mehr vorhanden. Mehrere Edle von Hinderburg kommen in alten
Urkunden vor, wie Vulpertus de Hinderburg, Mönch in Einsiedeln Anno 970,
Arnoldus de Hinderburch bei Herrgott (Geneal. Habsb.) 1130 2c. Das dortige
Kapellchen an der alten Straße nach Neuheim („Helgenbüeli") wird schon im
österreichischen Urbar erwähnt. Von Hinterburg, in der Richtung gegen Baar
senkt sich das Terrain bis zur Lorze; eine Reihe von fünf Bauernhöfen „in der
Baarburg" genannt, erstreckt sich bis in die sog. Hölle, eine von drei Seiten
mit waldigen, steilen Anhöhen umgebene Thalvertiefung mit dem Gute Sonnenrain und der „Schmidenau", wo seit einigen Jahren ein großes Tufflager
ausgebeutet wird und auch sehenswerthe Tropfstein-Grotten aufgedeckt wurden.
Daselbst führt eine neuere Brücke über die Lorze und eine Straße nach Baar.
— In entgegengesetzter Richtung vom Dorfe Neuheim liegt die Siblbrücke an
der „Babenwage", ein altbekannter Grenzpunkt und Zollstätte mit einer Gruppe

von 6 Wohnhäusern dies- und jenseits der Sihl, welche vier verschiedenen Gemeinden und zwei verschiedenen Kantonen angehören. Zu Neuheim gehört das Gasthaus z. Löwen, 1689 von Pet. Weber erbaut, der aus dem sog. „Riedhandel" bekannt ist, dessen Nachkomme, Ammann und Landvogt Klemens Weber (1830) daselbst starb. Von da führt eine neue Landstraße gegen Menzingen und Aegeri durch das Thal und Saarbach, wo Mühlen bestehen, an letzterm Orte eine der ältesten des Landes, ehemalige Lehenmühle von Einsiedeln. Vom Saarbach führen Seitenwege nach den Bauernhöfen auf Rütiweid, im Schwellbühl, Winzenbach, Ehrlenbach, von da zurück über die entgegengesetzte Höhe: Hinterbühl; dann in einiger Entfernung östlich: in der Wies (nicht „Weis", wie es auf der Karte heißt). Dieses Gut heißt in einer Urkunde von 1438 „Wegwiß". In der Nähe Blachen (Ammann Peter Trinkler 1678); ferners Oelegg, im Hof, Hindertann, näher gegen die Sihl: Knöbli, Stöck (nicht „Stöd"), Sennweid, Hinterberg. Nach dem österreichischen Urbar gehörten zu dem Dinghof des Klosters Einsiedeln in Neuheim die „Dörfer": Hinterbühl, Finstersee, Brettigen, Winzwile, Oelegg, Menzingen, Bumbach und Bremen. Laut einer Urkunde von 1685 wurde unterhalb des Boden- und Oelegg-Hofes eine Brücke über die Sihl, „Hafner-Steg" genannt, gemeinsam von den Gemeinden Menzingen und Hirzel unterhalten. Mit Unrecht behauptet Dr. Stadlin (Bd. III, S. 78), daß die heutige Sihlbrücke und die dazu führende Straße „neuer" seien. Denn urkundlich wurde diese schon lange vor 1491 von den Städten Zürich und Zug gebaut und von Letzterer ein Saumweg über Tändlimoos und Baar unterhalten. (Die „Hodler" mußten alljährlich auf der Brücke schwören, daß sie mit ihren Transit-Gütern die Sust in Zug nicht umgehen wollen.) Gegenwärtig besteht nur noch eine sog. Leiter, wie weiter unten das „Schiffli" zur Erleichterung des Verkehrs zwischen den beiderseitigen Ufern, oberhalb der Sihlbrücke.

6. **Baar** („Barrum"), eine große Gemeinde mit 3323 Einwohnern in 351 Wohnhäusern (seit der letzten Volkszählung beide Zahlen in Zunahme begriffen) auf dem fruchtbaren Baarerboden und auf zwei Seiten angrenzenden Hügeln. In der Mitte des Dorfes steht die sehr alte große Pfarrkirche, dem hl. Martin geweiht, seit 1692 mit den Reliquien des hl. Martyrers Silvanus bereichert. Sie ist im Innern seit wenigen Jahren angemessen restaurirt, hat 6 Altäre mit einem Gemälde von P. Deschwanden. Außer der Pfarrkirche gibt es in der Gemeinde sechs Kapellen: das Beinhaus bei dem Kirchhof ist 1607 erweitert und der hl. Anna geweiht, die Schutzengel-Kapelle auf der „Birst" (Allmend der Dorfgemeinde Baar), 1666 erbaut, in neuerer Zeit verschönert mit Gemälden von Zürcher. Mehrere stattliche Häuser zieren das Dorf und die Umgegend. In der Gemeinde sind vier bürgerliche Korporationen, welche ansehnliche Allmendgüter besitzen: a) Die Dorfgemeinde Baar mit zirka 160 Nutznießern; b) die Dorfgemeinde Blickenstorf mit 22 Gerechtigkeiten; c) die Genossame Deiniken mit 18 Gerechtigkeiten; d) die Genossame Inwyl mit 7 Nutznießern. Oberhalb dem Dorfe, wo die Lorze aus einer waldigen Thalschlucht hervorströmt, steht die große Fabrik, eine der größten Baumwollen-Spinnereien und Webereien der Schweiz, umgeben von vielen neuen Gebäuden, einer künstlichen Wasserleitung,

Gartenanlagen ꝛc. An der Lorze abwärts bis zur Schochenmühle bestehen noch mehrere Wasserwerke, als Papierfabriken, Mahl- und Säge-Mühlen ꝛc. Die Schocheamühle ist 1611 erbaut von Heinrich Helbling, genannt Schoch. An der Straße nach Hausen und dem Albis: Blidenstorf, ein Weiler, bekannt als Geburtsort des berühmten zürcherischen Bürgermeisters Hans Waldmann († 1489). Das Geschlecht Waldmann daselbst ist vor einigen Jahren ausgestorben. Bei Deinikon an der alten Straße nach der Sihlbrücke steht die sog. Bühne, ein ebener Platz auf einem kleinen Felsen, wo der Kappeler-Friede (1531) verabredet wurde. Von hier weiter nördlich sind die Höfe Tann, Rotikon, Rüteli, näher an der Hauptstraße Büssikon, Tändlimoos, Utigen, Ruoßen, Walterschwil. Dieses ist ein ehemaliger Landsitz und Kurort des Klosters Wettingen (1610—1750). Das früher weit renommirte Bad ist seither eingegangen. Die 1702 an der Stelle einer ältern erbaute Kapelle enthält u. A. ein Bild der „schmerzhaften Mutter", das, wie die Sage geht, in der Reformationszeit von Zürich von den Wellen der Limmat nach Wettingen getragen worden. In neuerer Zeit wurde das Innere renovirt mit Stukatur-Arbeit von Moosbrugger und Gemälden von Zürcher. Die seit einem Jahrhundert unbeachtet gebliebene Mineralquelle entspringt am nordöstlichen Abhange der Baarburg. Diese ist ein waldbedeckter Nagelfluh-Felsen, auf dessen Höhe Spuren von ehemaligen Gebäuden, eine Höhle, das sog. „Hermandliloch". Auf einer andern Seite am Fuße der Baarburg liegt hl. Kreuz, eine Kapelle (1750 erbaut) mit einem Bruderhaus. In der Nähe war vor Zeiten ein Frauenklösterlein gestanden, das 1363 von einem herabstürzenden Felsen mit seinen drei Bewohnern bedeckt wurde. Nicht weit von da auf der sog. „Kugelrüti" wurden (im Jahr 1845) römische Münzen gefunden. In diese Gemeinde gehören auch die Ruinen des Schlosses Wildenburg (Wilbenberg) auf einem Felsen des Lorzentobels mit Wald umwachsen. Daselbst bildet der Schwarzenbach einen kleinen Wasserfall. Derselbe kommt aus dem Gerüth, einer fruchtbaren Berghöhe mit mehreren Bauernhöfen mit dem Weiler Allenwinden, wo eine (1697 gebaute) Filial-Kapelle mit Kaplanei und Schule besteht. Die Kapelle, der hl. Mutter Gottes und dem hl. Wendelin geweiht, ist in neuerer Zeit verschönert und mit zwei Gemälden von Deschwanden geziert worden. Ueber Allenwinden führt die Straße von Aegeri gegen die Höfe im Hintenberg und im Thalacker nach Zug. Zum Hintenberg, ehemals Intenberg (Inchheimberch anno 1242) gehören zwei Höfe, deren der obere Geburtsort des gegenwärtigen Abtes von Einsiedeln, Heinrich IV., Schmid. Aus demselben Geschlechte (Schmid von Baar) war auch Petrus II., Abt von Wettingen (1593—1633) ein ausgezeichneter Prälat, welcher u. A. im Kanton Zug das vorgenannte Bad Walterschwil nebst anstoßendem Güter-Komplex für das Kloster erwarb. — Stadtpfarrer J. J. Schmid († 1696) wurde schon oben erwähnt. Ein alter Fahrweg führt vom Thalacker gegen Inwil, einen Weiler mit einer Kapelle (1584 zu Ehren der hh. Anna und Oswald erbaut), da, wo im zweiten Kappeler-Kriege das Lager der Katholischen stand.

7. **Cham** (Chamum, Khom). Ein adeliches Geschlecht „von Kam" ist in alten Urkunden viel erwähnt. Die Gemeinde hat 1616 Einwohner in 164 Wohn-

häusern. Sie besteht aus 10 Nachbarschaften und bildet mit Hünenberg einen Pfarrsprengel. Auf dem Kirchbüel, welcher ehemals den Edeln von Hünoberg, dann der Probstei in Zürich gehörte, steht die schöne große Pfarrkirche, 1784 an der Stelle einer ältern erbaut und dem hl. Apostel Jakobus dem Aeltern geweiht, mit einer trefflichen Orgel, fünf Altären und einem guten Altargemälde von Reinhard von Luzern († 1824). Die Kirche ward 1867 restaurirt und verschönert mit Gemälden von Deschwanden. Daselbst wird auch der steinerne Sarg eines im XI. Jahrhundert hier verstorbenen unbekannten Bischofes gezeigt. Schon zur Zeit der Karolinger (858) bestand in Cham ein königliches Tafelgut (curtis regia) mit Kirchen und andern Gebäuden. Der hohe Kirchthurm ist weithin in der Umgegend sichtbar, auf seiner Gallerie genießt man eine herrliche Rundschau. Derselbe, 1867 vom Sturme seines Helmes beraubt, ist seither wieder fester ergänzt. In der Nähe stehen mehrere stattliche Gebäude, wie das neue Schulhaus, das Gasthaus zum „Raben", das Milch-Condensations-Gebäude 2c.; auch eine Eisenbahn-Station mit der Bahnbrücke, hart am Ausfluß der Lorze aus dem Zugersee. Diese Ausmündung wurde 1691 unter Leitung Jost Knopfli's von Zug ausgegraben und dadurch der See tiefer gelegt. Dieses hatte zur Folge, daß mehrere Gebäude (9 Häuser) und Stücke Landes (bei der Giolen und bei Buonas) längs dem Ufer versanken und eine Menge kleinerer Erdschlipfe stattfanden. Beim Durchbruch des Dammes war das Kloster Frauenthal und die Maschwander-Allmend unter Wasser gesetzt worden. Ein schriftliches Gutachten Konrad Eschers von der Linth (1818) zeigt, wie sehr es im Interesse der Uferbewohner liege, den Wasserstand des See's immer in gleichmäßiger Höhe zu erhalten. Neben der Eisenbahnbrücke vermittelt ein Steg für Fußgänger den Verkehr zwischen den beiden Ufern; die Landstraße führt einige Minuten weiter unten über eine schöne steinerne Brücke. Am rechten Seeufer, nahe am Lorzen-Ausfluß, steht das Schloß St. Andreas, mit seiner Umgebung auch das „Städtli Cham" genannt. Die ursprüngliche Burg mit der „Vorburg", als Lehen der Freiherren von Wohlhusen im Besitze der Herren von Hünoberg und 1351 offener Platz („Vesti") auch (seit 1366) ein Lehen und (seit 1370) ein Eigenthum der Herzoge von Oesterreich, wurde 1386 von den Eidgenossen eingenommen, kam (1470) in den Besitz der Stadt Zug, von welcher das Schloß der bekannte Hein. Schönbrunner (1533) übernahm und in gegenwärtiger Gestalt wieder aufbaute; 1775 ward es von Oberstlieutenant Fidel Landtwing mit dem von ihm gestifteten Fidei-Kommiß vereiniget. Auf dem Thurme des Schlosses genießt man eine schöne Rundschau. Die neben anstehende Filial-Kapelle (zum hl. Apostel Andreas) trägt die Jahrzahl 1488; es war aber schon viel früher eine Kapelle hier. Die dazu gehörige Kaplanei wurde 1348 von Gottfr. von Hünoberg und seiner Gemahlin Marg. von Fribingen gestiftet. Noch finden sich Spuren von den ehemaligen Ringmauern des Städtchens, dessen Angehörige ein allgemeines „Gemeinwert" (Allmendgüter) besitzen mit 23 Gerechtigkeiten, von welchen auch dem Schloß und der Kaplanei je eine zukommt. Zwischen dem Schloß und der Eisenbahn steht das Gasthaus zum „Schlüssel" mit einer Bierbrauerei. In der Nähe finden sich an zwei Stellen Spuren keltischer Pfahlbauten. Nach Zurlauben wurden im alten Gemäuer auch römische

Münzen von Vespasian gefunden, so wie solche von Nero bei Lindencham. Daß hier einmal eine römische Stadt gestanden, wie Geßlers Chronik annimmt, ist nicht wahrscheinlich. Zur Korporation „Städtli" gehören noch einige Bauernhöfe, wie die Schluocht, Löbern ꝛc. An der Lorze abwärts liegen die obere und die untere Mühle, eine mechanische Papierfabrik, die Hammerschmiede (seit 1690) mit den schönen Gartenanlagen der Herren Vogel; dann seitwärts links Lindencham, eine Häusergruppe mit schönen Bauernhöfen, hl. Kreuz, ehedem eine Wallfahrts=kapelle (geweiht 1730), jetzt ein neues Kloster ehemaliger Balbegger=Schwestern, die hier ein Töchter=Institut und mehrere auswärtige Schulen halten. Die eben=falls neue Kirche ward 1868 eingeweiht. Weiterhin rechts finden wir Friesen=Cham mit mehreren Höfen. Bis zum XVI. Jahrhundert bildeten die „beden Rame", nämlich Friesli= und Linden=Cham zusammen die Genossenschaft Nieder=Cham. Von hier in nördlicher Richtung liegt Niederwil, ein Weiler, ehemals „Wiprechtswil" genannt, mit einer neuen Filial=Kapelle, zum hl. Mauritius (Ge=mälde von Zürcher) und einer Kaplanei. Dieser Ort (1045) unter den Grafen von Lenzburg bildete (bis 1368) eine eigene Pfarrei, kam dann unter das Kloster Kappel, ward mit Rifferschwyl vereinigt, bis er (1510) unter die Patronatschaft der Stadtgemeinde Zug gelangte, welche endlich (1842) ihre Rechte an die dortige Korporation veräußerte. Von Niederwyl aufwärts an der Straße nach Knonau: Oberwil, ein Weiler, bei welchem ehedem Ruinen eines Schlosses gesehen wurden, wie auch bei Bibersee, an der Straße nach Steinhausen, wo früher ein kleiner See gleichen Namens. Bibersee gehörte ehemals den Edeln von Schnabelburg, die es (1272) der Kommende Hitzkirch vergabten, welche es an das Kloster Kappel verkaufte. Später gehörte es an die Burg St. Andreas. — An der Lorze weiter abwärts: der Hof im Hageborn mit der neuen Fabrik, auch einer Erziehungs= und Arbeits=Anstalt, ähnlich derjenigen, die früher am Gubel bestand; ferners der Weiler Rumeltiken (Rumoltikon), welcher früher verschiedenen Herren gehörte und 1712 von den Zürchern verbrannt wurde.

Auf einer Insel der Lorze steht Frauenthal (vallis sanctæ Mariæ), das Cysterzienser=Frauenkloster mit einer schönen Kirche und verschiedenen Oekonomie=Gebäuden. Das stille Thal wird von schönen Laubwäldern und den Meierhöfen Hattwil, Jsliton, Wanghäusern und Huob umgeben. Das Kloster wurde 1231 von einem Freiherrn von Schnabelburg, den Edeln von Eschenbach und Hüneberg ꝛc. gestiftet und nach und nach begütert. Bis in's XV. Jahrhundert waren die Abtisin und Nonnen aus adelichen Geschlechtern. Die Visitation übte anfänglich der Abt von Kappel, später der von Wettingen, jetzt Wettingen=Mehr=rerau, die Schirm= und Kasten=Vogtei die Stadt, später (seit 1803) der Kanton Zug. Das Kloster wurde in verschiedenen Kriegen hart mitgenommen (1352—1386), gerieth in der Reformationszeit (1530) in Verfall, aus welchem es sich nach einiger Zeit wieder erhob. — Noch ist zu merken: Aeniton, am Wege nach St. Wolfgang, wo die Marchung gegen Hünenberg über Huob und Doggen=holz durchgeht, mit einem ehemaligen Lehenhof des Klosters Frauenthal. Einst gehörte der ganze Weiler an die Burg im Städtli.

8. **Hünenberg.** (Hünoberg.) Die Gemeinde hat 1012 Einwohner in 119

Wohnhäusern, welche zur Pfarrei Cham gehören. Sie hat den Namen von dem Schlosse Hünoberg, das im Sempacherkriege (1386) von den Eidgenossen zerstört worden. In der Nähe der Warth, wo das Gemeindshaus („Gesellenhaus") seit 1684 erbaut ist, steht der Weiler St. Wolfgang mit einer sehr schönen 1475 erbauten und 1868 renovirten Wallfahrtskapelle. Diese mit vier Wohnhäusern, worunter das Kaplanei= und das Sigristenhaus, umfaßt einen Flächenraum von 1½ Juchart, welcher eine Enklave der Stadtgemeinde Zug zwischen hünenbergischem Territorium bildet. Die Grenze geht mitten durch den Saal des Gasthauses zum „Rößli". In der Nähe die Todtenhalde, eine Anhöhe, bekannt durch das Gefecht vom 24. Dezember 1388, in welchem Ammann Joh. von Ospenthal mit 42 der Seinigen fiel. — Verfügen wir uns von da bis unterhalb Frauenthal an die nördliche Grenze der Gemeinde gegen die Maschwander Allmend und von da die Reuß aufwärts, begegnen wir mehreren Häusergruppen und einzelnen Höfen, deren Namen zum Theil schon in uralten Urbarien und Urkunden vor= kommen, als Büß und Wanghäusern, Stabelmatt, vor dem Abfall nach Maschwanden pfärrig, ein Weiler, nahe an der Reußfähre nach Mühlau; Schachen, die Chamau, mit 2 großen Bauernhöfen, ehemals den Edeln v. Schwarzenberg gehörig und Lehen der Edeln von Hünoberg; Strimatt, Mattenboden, 15 zer= streute Wohnungen mit einem neuen Schulhaus unterhalb dem der Korporation Zug gehörenden „Herrenwald"; ferners an der Straße nach dem Freiamt die Sinserbrücke mit einem Zollhaus; weiter aufwärts Marlachen, Schlatt, Kreuzacker mit der Weinreben=Kapelle (1760); unweit davon auf einer waldigen Anhöhe die Ruinen des Schlosses Hünoberg, der Weiler Hinter=Hünoberg, der Lo=Wald, („Mönschen=Loh"), ehemaliger Richtplatz, nicht „Lohnwald", wie es auf der Karte heißt, Eigenthum der Korporation Zug; Meisterschwyl, eine Häu= sergruppe mit einer (1621 erbauten) Kapelle zum hl. Karl Borromä an der Rischergrenze; von da in der Richtung des Zugersee's zurück: Thaladern, das Langholz an der Langrüti mit dem „Jungfrauenbrunnen"; endlich über der Straße und Eisenbahn in der Nähe des See's: Dersbach (Terisbak), wo das Kloster Muri schon im Jahr 1027 Güter besaß; Kämleten in der Nähe des Kirchbüels.

9. Steinhausen. Die Gemeinde, die kleinste des Kantons, mit 465 Einwoh= nern in 68 Wohnhäusern ist durch Wein= und Obstbau ausgezeichnet, scheint je= doch früher mehr Einwohner gehabt zu haben. Der Ort wird schon 1173 in einer Bulle des Gegenpapstes Calixtus III. mit Neuheim unter denjenigen Kirchen erwähnt, welche dem Stift St. Blasien gehören. Die Grundherrlichkeiten gehörten schon früh dem Hause Habsburg, von welchem 1242 ein Gut (allodium) auf Hasenberg an das Stift Einsiedeln verkauft wurde. Die Herrschaft Steinhausen war theilweise den Herren von Hünoberg zu Lehen gegeben. Als Hartmann und Rudolf v. Hünoberg gestorben, sowie des Letztern nachgeborner Sohn Claus= walther, gab Herzog Rudolf v. Oesterreich das Lehen (1361) dem Konr. Schultheß von Lenzburg und seinen Söhnen. Einen Theil der Güter (Känland, Huoben :c.) hatten die Gebr. Gottfried und Peter von Hünoberg von der Aebtissin Beatrix (1358—1372) in Zürich zu Lehen und verkauften sie (1372) ebenfalls an obgenannte

Familie Schultheß, welche dieselben fürderhin als Afterlehen von der Herrschaft Oesterreich besaß. Heinrich Schultheß verkaufte diese Lehensherrlichkeiten (1383) an seinen Oheim Hans Segesser zu Aarau, während Oesterreich die hohen Gerichte behielt. Den halben Zehenden erwarben Ulrich und Peter Segesser (1424—1430) von Hans und Kaspar von Bonstetten zu Lehen. Endlich kaufte alle diese Rechte und Besitzungen von Rudolf und Hans Arnold Segesser 1451 die Stadt Zug. Andere Güter und Rechte hatte sie von Konrad Meier von Zürich (1438) erkauft, andere noch erwarb sie vom Abt von St. Blasien, von Hans Goldschmid in Luzern (1483) und vom Abt von Kappel (1485). Von da an war Steinhausen eine Vogtei von Zug bis 1798. Die hohen Gerichte daselbst, der („Blutban") über den obern Theil des Dorfes bis in die Mitte des Wirthshauses gehörten dem Kanton Zürich zu. Eine Linie an der Decke des großen Gastzimmers bezeichnete die Grenze. — Steinhausen war bis 1610 pfarrgenössig nach Baar. Als die Pfarr-Kollatur (1805) von Zug an die Gemeinde verkauft worden, wurde von dieser auch ein Schul- und Kaplanei-Haus errichtet. Vor der Anstellung eines eigenen Kaplans kam an Sonn- und Feiertagen ein Frühmesser von Zug. — Die jetzige Pfarrkirche, dem hl. Apostel Mathias geweiht, wurde 1699 an die Stelle einer viel ältern Filial-Kapelle gebaut. Die Gemeinde baute 1868 auch ein schönes Armen- und Waisenhaus. In die Gemeinde gehören die Höfe im Bann, im Ehrle, Schletzgatter, Letten, Schlößli, Freudenberg, Hasenberg u. a. m.

10. **Risch.** (Rixa, Riska.) Die Gemeinde — mit 1027 Einwohnern in 127 Wohnhäusern — umfaßt die ehemalige Vogtei **Gangolfschwil** (Gangolfswilare) und die Herrschaft **Buonas** (Buchenas). Zu Gangolfschwil gehörten die Nachbarschaften Berchtwyl, Dersbach, Holzhäusern und Zweiern (Zwiegern). Zu Buonas, wo die gewöhnlichen Gemeindsversammlungen gehalten werden, steht eine Kapelle, ein Wirthshaus, das „Fahr" ꝛc. Das Schloß gleichen Namens, auf einer 240 Klafter in den See hineinragenden Landspitze über einem Nagelflußfelsen erbaut, wurde in neuester Zeit im Innern wieder restaurirt, hat eine schöne Hauskapelle, gewährt eine herrliche Aussicht über den See ꝛc. In der Nähe erlitten 1333 die Luzerner eine Niederlage durch den Vogt von Rothenburg. Ursprünglich saß da ein einheimischer Adel von Buonas, das Schloß kam frühzeitig an die Familie von Hertenstein aus Luzern. Diese Herren waren auch Stifter und Wohlthäter der uralten Pfarrkirche Risch. Da, wo ursprünglich eine von Hermann von Buonas erbaute Kapelle gestanden, stiftete 1289 Ritter Hartmann v. Hertenstein mit seiner Mutter, Agnes von Cham, die Pfarrkirche (zu St. Verena), die in der Folge zu wiederholten Malen restaurirt wurde, besonders 1680. Sie enthält u. A. ein schönes Altargemälde (Maria zum Siege) von P. Deschwanden, zwei ältere von Menteler aus Zug. In der Sakristei wird ein silberner Becher gezeigt, welcher von einem Hertensteiner in der Schlacht bei Granson (1476) erbeutet worden. Die Kollatur der Pfarrei kam 1798 durch Kauf an die Gemeinde. — **Holzhäusern** ist ein Weiler mit einer Filialkapelle (zum hl. Wendelin) und einer Kaplanei und Schule an der Landstraße von Cham gegen Rothkreuz in der Nachbarschaft Walterten (waltra), woselbst ein Gasthaus und eine Eisenbahnstation an der Grenze gegen Luzern. Die neue Straße von Holzhäusern über

Risch, Oberrisch ꝛc. nach Küßnacht ist auf der Karte noch nicht angegeben. **Berchtwil**, ein Weiler mit einer alten Kapelle; **Jppikon**, ein Weiler, nach Meierskappel pfärrig, in dessen Nähe (anno 1838) römische Münzen gefunden wurden, 9 silberne und über 100 kupferne: Vespasian, Domitian, Nerva, Trajan etc. **Küntwil**, ebenfalls nach Meierskappel pfärrig, nebst Stockeri (Stochia); Zweiern, einige Höfe am See, wo vor Kurzem auch Spuren keltischer Pfahlbauten entdeckt wurden.

11. **Walchwil.** Die Gemeinde — mit 1030 Einwohnern und 142 Wohnhäusern — hat eine sonnige Lage am südwestlichen Abhange des Zugerberges zwischen dem Rusi- und Lothenbach bis an den See, gegenüber dem Rigi, ausgezeichnet durch ihren Wein- und Obstbau, Kastanien ꝛc. Die älteste Kapelle von Walchwil ward 1470 errichtet (hl. Joh. Baptist), die erste geistliche Pfründe daselbst 1491. Im Jahre 1663 wurde die alte Kapelle abgetragen und 1666 die erste Pfarrkirche eingeweiht, welche 1838 durch die jetzige neue ersetzt wurde (St. Jacob, Ap.). Im obern Dorfe — ehemals Emmuoten — steht eine Kapelle, 1693 dem hl. Josef und dem hl. Anton von Padua geweiht. Im Jahr 1733 wurde eine Frühmeß-Pfrund eingerichtet und dazu (1746) ein Haus gebaut und mit der Pfründe eine Schule verbunden. Im Jahr 1804 erwarb die Gemeinde das Kollaturrecht der Pfarrei und kaufte den Wein- und Korn-Zehnden für jährlich 18 Dublonen (an den Stadtpfarrer) aus. Außer dem untern und obern Dorf gibt es keine größern Häusergruppen; die Häuser liegen zerstreut theils längs der Straße und dem Ufer des Sees, theils an den Abhängen des Berges, theils auf der Höhe der sog. Forren. Unter den ersteren sind von St. Adrian abwärts: Roßplatte, Sedi, am Löffler, Kleinmättli, Grafenstatt, Hörnli, Rebmatte, unterhalb welcher die „Grindwäschi", ein kleiner Wasserfall, dann ergiebige Sandsteinbrüche bei Lothenbach (Lotterbach) an der Grenze von Zug. An dem Bache aufwärts liegt **Bossen**, ehemals „Bossenrüti" genannt, nach einer Urkunde von 1362, laut der Schultheiß Petermann v. Gundoldingen († 1386) wegen daselbst gelegener Güter einen Schiedspruch zwischen der Stadt Zug und Johannes in der Auw ausfertigte. Nach Stablin müssen außer diesem der Turnihof und die Ed zu den ältesten Berghöfen zählen. Weiter am Bergabhang: Utigen, Hochbüel, Freudenberg, Kirchmatt, Aesch, Obergaden u. a. m. Auf und hinter dem Rande des Berges folgen vom Lothenbach aufwärts: Winterstein, Sattel, Ober-Schwändi, Oelberg, Flubbühl, Katzenberg u. a. m. Hinter dem schmalen Bergrücken besteht, 1876' über dem Zugersee, eine muldenartige Vertiefung, aus der die sich sammelnden Gewässer ihren Abfluß theilweise unter dem Boden finden und nur zu einem geringen Theile durch den Lothenbach abfließen, ein Umstand, der seit vielen Jahren gefahrdrohend für die steilen Abhänge des Walchwilerberges erschien. Unweit des obern Dorfes, beim Hofe Weißenschwändi, ist die sog. „Brechi", eine durch frühere Erdschlipfe bezeichnete Stelle, von welcher aus der Sad- oder Sagenbach immer noch eine Masse von Steingeröll und Kies dem See zuführt, wo es sich unterhalb der Brücke, wo ehemals eine Säge stand, ablagert, zuweilen auch tiefer versenkt. Bei außerordentlichen Regengüssen erscheint die Gewalt dieses und einiger anderer Bergbäche besonders drohend. Ueber die Beschaffenheit einer solchen Gefahr und die Mittel einer Abwendung derselben

wurde Anno 1818 ein Gutachten des Hrn. Escher von der Linth in Zürich eingeholt und demselben gemäß vom zugerischen Kantonsrath (17. Hornung 1819) eine entsprechende Verordnung erlassen. — In wie weit diesen Rathschlägen und Verordnungen nachgekommen worden, wüßten wir nicht genau anzugeben. So viel scheint gewiß zu sein, daß seit 40 Jahren die gehegten Befürchtungen sich eher vermindert als vermehrt haben.

Die Gemeinde hatte in neuester Zeit einen langwierigen Streit mit der Stadtgemeinde in Betreff des Anweibrechtes der letztern auf der Walchwiler-Allmend.

Nachdem endlich ein Vergleich und Auslauf zu Stande gekommen, wurde die Allmend unter die Genossen vertheilt und daher auch die Urbarmachung und Bepflanzung derselben ermöglichet. Proficiat!

Hiemit schließe ich meine Notizen und bitte um gütige Entschuldigung, wenn dieselben auch in zweiter Auflage nicht so genau und so vollständig sind, als man wünschte.

Inhalts-Verzeichniß.

	Seite
Vorbemerkungen über Literatur, Karten ꝛc.	3

I. Theil.
Allgemeine Uebersicht der Geschichte 5

II. Theil.
Geographische und statistische Notizen:
- A. Das Land 13
- B. Das Volk 21
- C. Der Staat 41
- D. Die Kirche 48

Bereisung des Kantons 50

III. Theil.
Beschreibung der auf der Karte vorkommenden Orte nach Ordnung der 11 Gemeinden:
1. Zug 51
2. Ober-Aegeri 58
3. Unter-Aegeri 60
4. Menzingen 60
5. Neuheim 62
6. Baar 64
7. Cham 65
8. Hünenberg 67
9. Steinhausen 68
10. Risch 69
11. Walchwil 70